やってはいけない筋トレ

いくら腹筋を頑張ってもお腹は割れません

坂詰真二

青春新書
INTELLIGENCE

はじめに

いま韓流スターが年齢を問わず日本の女性に人気です。その理由の一つは、彼らがみなカラダを鍛え、引き締まった細マッチョだからでしょう。日本の男性もようやくカラダを意識するようになりましたが、筋トレを実行できない人、やってはいるけど効果が不十分な人が多いようです。


「筋トレを続けているのに、効果がでない」

「自分のやっている筋トレが正しいのかどうかわからない」

「お腹が出てきたので筋トレを始めたい。でも何からやれば……」


本書は、筋トレに対し、このような不満や悩みを持っている方々に向けて書きました。

プロのスポーツ選手でも、間違った筋トレをしている人をよく見かけます。それが原因で選手生命を縮めてしまった例も少なくありません。

情報があふれる昨今、プロのトレーナーでさえ何が正しいのか判断がむずかしいところですから、読者のみなさんが間違ったり、迷ったりするのは当然のことです。


もしあなたが腕立て伏せや腹筋を15回以上やっているなら、今すぐやめてください。

筋トレに限らず、仕事でも、勉強でも、とかく日本では回数や費やした時間を重んじますが、重要なのは量より質です。

体型づくりのために筋トレをするなら、腕立ても、腹筋も、1セット10回程度で良いとされています。この根拠は筋肉の特性から導き出されたものです。

にもかかわらず、一生懸命に回数を重ねているとしたら……これほど非効率的なことはありません。


つまり、筋肉の特徴やカラダの正しい知識を身につければ、筋トレに何が必要で、何をすべきかが見えてくるということ。少ない労力で最大の効果が得られる「効率的な筋トレ」ができるようになるということです。

フォームや回数、頻度など、筋トレは正しい方法で行えば、必ず結果となって現れます。「自分は筋肉がつきにくい体質なんだ……」とあきらめている人も然《しか》り。このことはトレーナー生活25年の私が断言します。

カラダが変われば、確実に自信につながります。「できるビジネスマン」という好印象も与えられ、異性へのアピールが高まることは言うまでもありません。

本書は巷《ちまた》の、やってはいけない筋トレを正しつつ、筋トレに関する誤解を解き、偏見を払拭《ふっしょく》すべくつくりました。本書を片手に、筋トレしている人も、そうでない方も、「やっていい、やるべき筋トレ」に取り組んでいただければと思います。

2012年1月末日

スポーツ&サイエンス代表　坂詰　真二

◆目　次◆

撮影／石田健一
イラスト／内山弘隆
本文デザイン・DTP／ハッシィ

第1章

なぜ、筋トレしても効果がでないのか？

―やってはいけない筋トレ14のケース―

筋肉は休息させるほどに大きくなる

筋トレという言葉が一般的になった今でも、世間では筋トレについての誤解が意外に多いことに驚かされます。「筋トレは毎日やらないと効果がない」という考えもその典型のひとつです。

じつは毎日やるくらいならやらないほうがマシです。

皆さんの周りで仕事ができる人は、休日出勤もいとわずに働いていますか？　仕事のできる人ほど意外にしっかり休日を取り、家でのんびりくつろいだり旅行をしたりとリフレッシュし、メリハリをつけているのではないでしょうか？

そもそも**トレーニングとは「カラダに適度な刺激を与えて、カラダをその刺激に適応させること」**です。筋トレは、筋肉に重りなどの負荷という刺激を与えることで、次に同じ負荷がかかっても疲労しないレベルまで筋肉をレベルアップさせることです。

筋トレをすると、筋肉のエネルギー源である糖分が筋肉中から減少し、糖分からエネルギーを作り出す過程で生じる廃棄物（乳酸や水素イオン）が増加。そしてごく軽度ですが、筋肉が損傷するなど様々な変化が起きることで筋肉は疲労し、一旦レベルダウンします。

ここで筋肉を回復させる時間、つまり休養が必要。

毎日筋トレをすると、筋肉が十分回復していない時点で刺激を与えることになり、効果が出ないばかりか、かえって過労でレベルダウンしたり、ケガをすることにもなりかねません。

休養を与えて廃棄物を処理し、同時にエネルギー源となるブドウ糖や、筋肉の元となるアミノ酸を供給することで、筋肉が元のレベルより太く強くなるしくみを「超回復」といいます。

超回復に要する時間は48時間から72時間といわれており、一回筋トレをしたら次の筋トレまで2日空ける必要があります。だから筋トレは週に2～3回が適当なのです。

本当であれば、月曜日にトレーニングを行った場合は木・日と行い、翌週は「水・土」、翌々週は「火・金」、そして元の「月・木・日」に戻るのが理想ですが、分かりにくいため一般的にはシンプルに「週に2~3回、月・水・金または火・木・土」に行いましょう、といわれています。

現段階で毎日筋トレをしている人は、今日から週に2~3回に減らしてください。

運動経験がないとか、運動部出身でも社会に出てから何年もカラダを動かしていない人の場合、初期は筋肉痛が強く出やすいので、回復させるまでにもう少し長い時間、日数が必要です。導入期間の1~2か月は週に1~2回のペースで良いでしょう。体が慣れてきた頃から徐々に頻度を上げて**週に2~3回の頻度**に増やします。

自分の理想とするボディーに仕上がったので、あとは維持するだけ、というレベルに至ったら、週に1回の頻度に減らしても大丈夫です。

ここを改善!

筋トレは毎日やってはいけない

回数自慢にはまったく意味がない

例えば腕立て１００回、腹筋１５０回など、自分ができる回数を自慢する人がいます。回数をどんどん増やせば、結果が出る。つまり筋肥大や筋力アップができる、と考えている方が少なくないのです。

筋トレに限らず、仕事でも勉強でもスポーツでも、とかく日本では回数や費やした時間を重んじ、賞賛する傾向があるのが残念なところです。

例えば仕事で遅い時間まで残業していると、「あの人は頑張っている」という評価をされやすい。しかし長く行えば、心身は疲労し、判断力や思考能力は鈍り、仕事の効率が落ちてミスもしやすくなります。本来であれば仕事をした時間より、仕事の結果として表れる成果、つまり質が重要なはずです。

同様に筋トレもやみくもに回数を多くやれば良いわけではありません。15回以上できる筋トレは意味がないのです。

トレーニングを安全で効率良く行うために、いくつかの原則があります。中でも、筋トレの重さと回数に関わりがあるのは次の2つです。

まず一つは、体力を高めるには普段受けている以上の刺激を与える必要がある、というもの。**筋肉を鍛えるなら、少しキツイと感じる過負荷を筋肉に与えなければならず、**これを専門的には「過負荷の原則」といいます。筋肉は与えられる刺激に対して適応しますが、その刺激は弱すぎても、強すぎても効果は出ず、少しキツイというレベルが適切です。

例えば腕立て伏せを続けていると、始めのうちこそカラダの重さが筋肉への適切な刺激となり、筋力は高まりますが、やがて筋肉がレベルアップするとカラダの重さでは過負荷とはならなくなって、効果は出にくくなってしまいます。

2つ目は「特異性の原則」。これは、ある体力を高めるには、それに見合った最適な刺激を与えなければならない、というもので、このことを専門的に「特異性の原則」といいます。

筋肉を太く強く向上させるためには、ストレッチや有酸素運動ではなく、筋トレが最適な方法。また、種目だけでなく、刺激の大きさ、つまり重さと回数も特異的でなければなりません。

ここを改善！ 筋トレは回数多くやってはいけない

筋肥大させるには重りを10回持ち上げてもあと2回は持ち上げられるぐらいの力、つまり筋肉が出せる力の70～80％程度の負荷を与え、これに抵抗しながら10回前後、動作を反復することが必要です。最適な負荷がかかっていれば10回以上反復できないはずなのです。回数よりも「負荷」が大事なので、15回、20回と繰り返せても、筋肉の持久力は向上しますが、筋肥大は望めません。

憧れの6パックは筋肉より脂肪でつくる

6つに割れた腹筋、いわゆる6パックを獲得したいと腹筋運動を頑張っているものの、なかなか結果が出てこない方も多いでしょう。**お腹やせに腹筋運動は必要ですが、それだけでは憧れの6パックはできません。**全身バランスのよい筋トレが必要な理由をご説明しましょう。

ざっくりいえば、**6パックがハッキリ見えるようになるには、体脂肪率を10％以下に下げる必要があります。**

いわゆる腹筋は正式には「腹直筋」といって、お腹の前面にある長い筋肉です。腹直筋の特徴は、真ん中で縦に入る「白線」という部分で左右に分かれ、さらに「腱画」という骨に似た固い部分が等間隔で横に入っていて、いくつかのパーツに分かれています。

つまり、もともと6パック（実際は8パック）に分かれているのに、その上の脂肪が邪魔をして見えていないだけなのです。

体脂肪率が10～15％ならば、上部の4つを確認できます。体脂肪率が15～20％になるとうっすら縦に筋（白線）を見ることができますが、横には割れて見えません。

そこで体脂肪を減らすには食事制限をするか、全身運動をするか、いずれかの方法で摂取エネルギー量よりも消費エネルギー量が多い状態、つまりエネルギー収支を赤字にする必要があります。

ただ、単純に食事制限をするとエネルギーを大量消費する筋肉量が減って、基礎代謝量が低下。かえって体脂肪が減りにくくなるため、並行して筋トレを行い筋肉量はキープします。とはいえ、腹筋運動だけやっても意味がありません。カラダの一部だけ筋トレしても、筋肉量はキープできないからです。

また腹筋運動とお腹ポッコリの関わりをもう一つ。

上半身の上半分である胸部は肋骨が覆っているので、肺が骨格以上に広がることはできません。一方、下半分のお腹には骨がなく、腹筋のみです。内臓とその周囲にある内臓脂肪は重力に引かれて下へ下がろうとしてお腹側に圧力をかけていて、腹筋にはこれを抑える役目もあります。腹筋があまりに弱ってしまうと、内臓と内臓脂肪を抑えることができなくなり、腹部は前にせり出してきます。

しかし、腹筋は立つだけ、歩くだけでも使われており、普通の生活をしている人が内臓の重さに耐えられないほど腹筋が弱ることは考えられません。

お腹ポッコリは過剰な内臓脂肪の増加が原因です。腹筋運動を頑張るよりも、まずはエネルギー収支を赤字にして内臓脂肪と皮下脂肪を減らせば、自然とお腹は凹みます。

ここを改善！

腹筋運動だけやってもお腹は割れない

筋肉痛のある・なしは効果と無関係

筋トレをした後、「筋肉痛にならないと効果がない」と思っている人は少なくないようですが、これは誤りです。たしかに**筋肉痛になると「やった感」はありますが、筋肥大や筋力アップに、筋肉痛は必ずしも必要ありません。**筋肉痛は必要以上に筋肉を酷使した証拠。その理由を説明する前に、筋肉痛はなぜ起こるかについて話します。

筋トレやスポーツなどの運動を行った翌日から現れて、数日続く筋肉の痛みを「遅発性筋肉痛」と呼びます。筋肉は物を持ち上げる時には縮みながら、下ろして行く時には伸びながら力を出していて、持ち上げる時を「コンセントリックな収縮」、下ろす時を「エキセントリックな収縮」と呼びます。

筋トレでは自分の体重やダンベルなどの重りを負荷として、上げ下ろしをしながらこの2つの収縮を繰り返しますが、遅発性筋肉痛は強い力で、または長時間筋肉がエキセントリックな収縮をすることで起こります。

エキセントリックな収縮では筋肉が力を出しながらも、重りに「引っ張られながら」伸びていくので、この時に筋肉の一部が軽く傷つきます。その結果、炎症と腫れが起き、周囲の神経が刺激されて「痛み」となって感じられるのです。

例えば階段の上り下りを思い浮かべてください。

上るとき下半身の筋肉は主としてコンセントリックな収縮をし、逆に下りではエキセントリックな収縮をしますが、高いビルの最上階に向かって階段を延々と上っても、下りでエレベーターを使えば筋肉痛はほとんど起きません。

逆に上りでエレベーターを使って、歩いて階段を下ると、翌日以降に強い筋肉痛が現れることになります。

自転車や水泳では、ペダルや水を押すだけで筋肉はコンセントリックな収縮しかせず、筋肉痛はほとんど起きません。にもかかわらず**競輪選手の脚、水泳選手の上半身は筋肉隆々とし、力も当然あります。これは筋肉の肥大に筋肉痛がなくても良いことを証明しているでしょう。**

ちなみに一般的な筋トレマシンではプレートという「重り」を、上げ下げするためエキセントリックな収縮を伴い、これが筋肉痛の原因となります。同じ筋トレマシンでも油圧、水圧や磁力を抵抗にして行うタイプでは、筋肉はコンセントリックな収縮しかせず、筋肉痛は起きませんが、やはり筋肉は発達します。

ここを改善！

筋肉痛のある筋トレはやってはいけない

プロテインよりも効く食べものがあった

筋トレ前にアミノ酸を摂ったり、筋トレ中や筋トレ後にプロテインを摂ると効果的、という考えがあります。

しかし、結論からいえば、筋トレの前にちゃんと食事を摂っていれば摂る必要はありません。この詳細を話す前に、言葉の整理と筋肉が太くなるしくみについて説明をしておきましょう。

まずは言葉の整理、確認をしてみたいと思います。

プロテインとはタンパク質のことで、一般にプロテインと呼ばれるのは、牛乳や大豆から抽出したタンパク質を主成分につくった粉末状の栄養補助食品です。正式にはプロテインパウダーですが、略してプロテインと呼ばれているのです。

タンパク質はアミノ酸という分子の集合体で、逆にいえばタンパク質が分解された最終形がアミノ酸です。そのアミノ酸を主成分とした錠剤や粉末状の栄養補助食品がアミノ酸タブレット、アミノ酸パウダーで、ともに略してアミノ酸と呼ばれています。

次に筋肉の増えるしくみについて説明します。

筋肉の細胞である筋線維（正確には筋原線維）は、水分を除くと大部分はタンパク質でできています。筋線維では、周囲からアミノ酸を摂り込んでタンパク質に合成して筋肉をつくる「同化」という作業と、逆にタンパク質をアミノ酸に分解する「異化」という作業が同時進行しています。

「同化」が上回れば筋肉が増え、「異化」が上回れば筋肉は減るので、筋肉を増やすには、同化の促進と異化の抑性の2つがカギとなります。

まず同化の観点から考えてみましょう。筋トレをすると同化を促す成長ホルモンの分泌が盛んになり、このタイミングで筋線維の周りにアミノ酸があれば筋肉に取り込まれます。筋トレを行う2～3時間前に、食事でタンパク質を多く含む肉や魚などの食品をしっかり摂っていれば、筋トレ実施中、筋肉周囲には消化吸収されたアミノ酸が十分にあります。

次に異化の観点から考えてみます。血糖値は食後にピークに達し、その後徐々に低下。血糖値が下がると血糖を上げるホルモンが分泌され、体内に貯蔵している炭水化物（グリコーゲン）を分解して血中に放出し、血糖値を上げます。筋肉内のタンパク質もアミノ酸に分解されて肝臓で糖に変えられ、エネルギー源として使われてしまいます。

筋肉にはタンパク質が必要と思われがちですが、異化を防ぐために重要なのは、じつは炭水化物です。筋トレの2～3時間前後にしっかり食事をして炭水化物を摂っていれば、筋トレ中も血糖値は適度に保たれ、筋肉の分解が進まないからです。

つまり、食事で肉や魚が不足している場合に限って、プロテインを一緒に摂ることは役立ちます。また食後4時間を経過して筋トレをする場合は、筋肉の周囲にアミノ酸が不足しているので筋トレ前にアミノ酸を摂ることは意味があるでしょう。

しかし、血糖値が下がっていては意味がありません。食後4時間を経過して筋トレを行う場合は1時間前にハムサンドや鮭入りのおにぎりを摂るようにすれば十分です。

ここを改善！　3食きちんと摂ればプロテインは必要ない

筋トレ1セットだと30％しか鍛えられない

「やらないよりマシだろう」と筋トレを1セットだけやって、やった気になったりしてないでしょうか？

良くいわれているように、**筋トレは一種目につき3セット行った方が効果的**です。これにはれっきとした理由があります。

脳は持っている能力の10％程度しか働いていないといわれますが、筋肉にも同じようなことがいえます。私たちが100％の力を出していると感じている時でも、実は**筋肉は本来持っている力の30〜40％程度しか発揮していません。**これは筋肉が過度に力を出すと、自らの力で筋線維が肉離れを起こしたり、腱が切れてしまってケガをする可能性があるため、これを防ぐために備わった機能であると考えられます。

筋肉はたくさんの筋線維の集まりなのですが、一本一本の筋肉は発揮する力を調節できず、「力を出すか、出さないかのいずれか」です。

このため発揮する筋力の大きさは、収縮した筋線維の数で決まります。ある筋肉が10%の力しか発揮してないときには、その筋肉を構成する筋線維のうち10%程度しか使っていない、ということです。

筋トレは通常、最大発揮できる筋力の70~80%の重量を6~10回上げ下げします。

しかし、80%といってもそれは本来持てる能力の40%(通常発揮される筋力の目安)×80%=32%しか発揮しておらず、約30%の筋線維しか収縮していません。1セット行うだけでは、収縮しない筋線維が多く残る可能性があるのです。

しかし、**3セット行えばまんべんなく筋肉内の筋線維が収縮する**と考えられ、これが3セットの根拠となっています。(P31参照)

テレビショッピングや通販雑誌でダイエットや健康用の商品をたくさん見かけますが、そこには、「ラクに」「かんたんに」という言葉が添えられています。そしてそういった商品ほど人気が集まりがちですが、残念ながら結果は伴わないのが実情です。

３セット行えば、ほぼ 100%鍛えられる

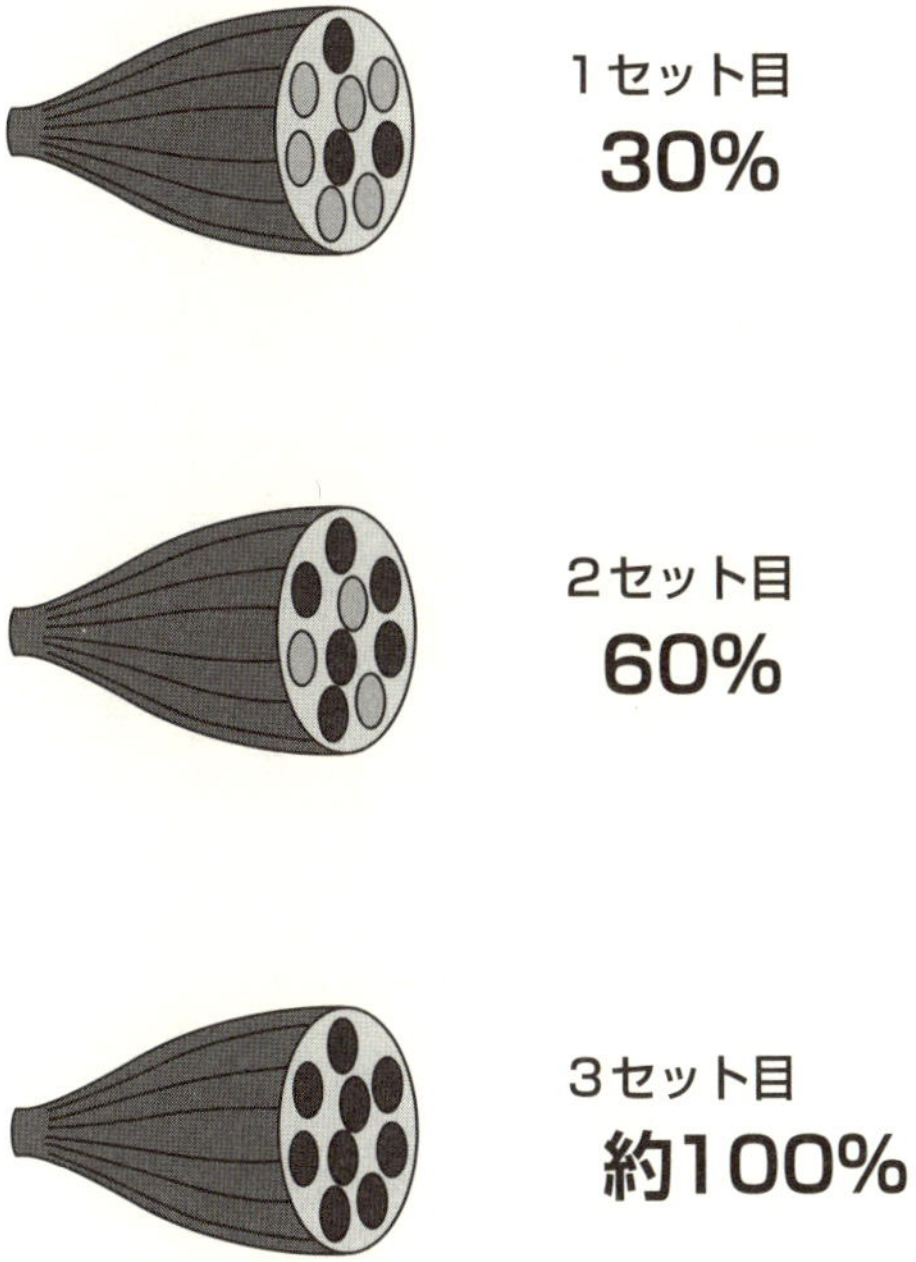

筋肉は本来持っている力の 30〜40%程度しか一度に発揮できない。「３セット」行う理由はここにある。

それも当然のこと。そもそも何もしなかった、ラクをした結果として体脂肪が増えたり、体力が落ちたりしたわけですから、多少は、苦痛を伴わなければ改善しないのは当然でしょう。筋トレ用のマシンでも、「たった1セット」とか「わずか1分で」効果が出る、と謳われていますが、やはり現実はそうではありません。

筋トレの上級者の中には「1セットでも十分である」という人もいて、実際に効果を発揮、つまり筋肉を発達させていますが、彼らはトレーニングによって、30〜40%しか発揮できない筋力を50%、60%とどんどん引き上げています。そうすると1セットでもすべての筋線維を使うことができる可能性が高まるからです。

しかし、これはあくまで筋トレの超上級者、達人の話。安全に、かつ効果を出したいなら無理せず、適切な重量を3セット持ち上げることが賢明です。

ここを改善!

筋トレは1セットだけやっても意味がない

筋トレの効果と体温の深い関係

筋トレは夜、とくに寝る直前にやった方が効果的だという説があります。これは筋トレ直後に筋肉の合成を促す成長ホルモンが出るのと、もともと**就寝後１〜３時間後に成長ホルモンの分泌が盛んになるので、この相乗効果を狙ったものです。**たしかに理論上は一理ありますが、これには見落としているマイナス面があります。

一日の中で最も運動に適した時間は、ちょうど学校の部活動が行われる16時前後とされています。**就寝直前がダメで、夕方が最適な理由は、じつは体温**にあるのです。この根拠をお話するには、私たちのカラダの基本的なしくみについて理解しておく必要があるでしょう。

私たちのカラダは、心臓も内臓も血管も自律神経によって支配されています。自律神経には、興奮時、運動時にメインで働く交感神経と、安静時、睡眠時にメインで働く副交感神経の2種類があります。自律の文字通り、これは私たちの意志とはほぼ無関係に、互いに相反する号令を器官や組織に発して、私たちのカラダをコントロールしています。交感神経が働いている時には心拍数は高く、筋肉の血流量は増え、カラダの貯蔵エネルギーの分解（異化）が促進されていて、運動に適した時間です。

逆に副交感神経が働いている時には、内臓の働きが活発になり、消化吸収、カラダの合成（同化）が促進されていて、運動には不向きな時間帯といえます。

自律神経は一方が働けば他方の働きは低下する、上下動のリズムを繰り返しますが、いつ、どちらが働いているかを知るわかりやすい目安が体温です。

体温が高い時には交感神経が優位で、体温が低い時には副交感神経が優位になっています。前述のように16時前後は最も体温が高いのですが、これは交感神経がよく働いているということ。つまり運動に最も適しており、筋トレで力を出しやすい時間ということになるのです。

逆に**寝る直前は体温が下がっており、運動には適しません。**しかも筋トレをすると交感神経が興奮するために、寝つきが悪くなったり睡眠を浅くして、成長ホルモンの分泌がうまくいかず、筋肉づくりにマイナスになります。この点が見落とされているのです。

とはいえ、16時前後に運動をするのは多くの社会人にとって難しい話です。次に選ぶとすれば10時前後ですが、これもまた同様。時間の許すのはやはり夜、ということになるでしょう。しかし、空腹時はエネルギー源が減っており、かといって満腹時は交感神経が働かないので、ともに運動には不向きです。

これらを考慮した現実的な方法の一つは、**19時頃に夕食を食べてしばらく休養した後の、21〜22時位に筋トレを行う方法です。**

会社で17時位におにぎりやパンを摂っておき、19〜20時位に筋トレをし、夕食はその分を差し引いて摂る方法でも良いでしょう。どちらもほどよくエネルギー源があり、体温も下がっていない状態です。

ここを改善！

夜寝る前に筋トレをやってはいけない

じつは体幹よりも、太腿の筋肉のほうが重要

最近ではボディーメイクや競技力アップのために「体幹を鍛えることが大切である」といわれます。体幹とは背骨とそれを支える腹筋や背筋などを指していますが、実際に体幹トレーニングに励んでいる人も多いのではないでしょうか？

人間の筋肉を3つのパーツに分けると、1．腕を動かす胸や肩などにある上半身の筋肉、2．脚を動かす尻や腿にある下半身の筋肉、そして、3．背骨を動かす腹や腰の体幹の筋肉、となります。

体幹の重要性は否定しませんが、理想の体型をつくるボディーメイクの観点からいえば、**人間にとって最も大事なのはじつは下半身の筋肉**です。体幹、とくにお腹は目線のすぐ下にあって意識しやすい部位ですから、何とかお腹を凹ませたいという気持ちはわかります。しかし、前述したように、お腹を鍛えたからお腹が凹む訳ではなく、全身の

体脂肪を減らさなければなりません。

体脂肪を減らすには動いて消費するエネルギーを増やすか、食事量を減らして摂取するエネルギーを抑えるか、のどちらしかありません。てっとり速くて、取り組みやすいのは後者ですが、この時、並行して筋トレを行うことが不可欠になります。

というのも、筋肉は安静にしていてもエネルギーをたくさん消費して体温をつくっていますが、**食事量を減らすと体脂肪だけでなく、エネルギーを消費する筋肉も減ってしまい、その結果エネルギーを消費しないカラダになってしまう**からです。筋肉が減る分を補うために、筋トレによって筋肉を増やす努力をする必要があるというわけです。**筋肉は１kgで１日30kcalのエネルギーを消費**し、筋肉量に比例して消費するエネルギーは大きくなります。

体幹のウエストサイズは、下半身の太腿のサイズより大きいですが、体幹の大部分は内臓や脂肪であるのに対し、太腿の大部分は筋肉です。**下半身の筋肉量は全体の半分以上を占めるため、体脂肪を減らすためには下半身の筋肉を鍛える優先順位が高い**のです。

下半身の筋肉が重要なのはボディーメイクだけではありません。姿勢を整えたり、スポーツの能力を高めるためにも重要です。

　まず姿勢の面からいうと、体幹は家に例えれば大黒柱。しかし、家で最も重要なのは基礎であり、これにあたるのは下半身です。基礎が傾いていたら柱を真っ直ぐに立てても構造は脆弱であるように、下半身の形を整えることが先決なのです。

　スポーツに関していえば、走る、跳ぶ、投げる、打つなどあらゆる運動では上半身、体幹、下半身、すべてを使います。ここで肝心なのはエネルギーをどこが生みだしているかということ。

　例えば最終的に上半身でボールを投げたり、パンチを打つといった動作でも、およそ2／3のエネルギーは下半身が生みだしています。実際、80mの遠投ができる人でも、イスに固定して全く下半身を使えないようにすると、距離は半分にも満たなくなります。

　このことからも、下半身がいかに大事かわかります。忙しい人がカラダを鍛えたいのならなおさら、体幹ではなく下半身を優先すべきなのです。


ここを改善！

体幹だけを鍛えてはいけない

「特定の部位だけ体脂肪が減る」という大誤解

男性の場合は「腕を太くしたい」「胸を厚くしたい」と筋肉を部分的につけたい方が少なくありませんが、この解決法は明解です。幸いなことに**筋肉は狙った部分を正しく鍛えればそこがピンポイントで発達します。**腕を太くしたいならばダンベルを持ってアームカールを、胸を厚くしたいなら腕立て伏せやベンチプレスをと、筋肉をつけたい部分の筋トレをすれば良いのです。

しかし、同じ部位別の悩みでも、「二の腕を細くしたい」「ふくらはぎをほっそりさせたい」となると話は別です。腕を引き締めるためには腕の筋トレをすればいい、と思われがちですが、**筋肉は筋トレでは太くなるだけであって、逆に細くなることはない**からです。

そもそも引き締まる、たるむ、という表現は便利である一方、大変誤解を生みやすい表現です。腕やふくらはぎなどがプヨプヨとたるんで見えるのは、筋肉そのものが弛《ゆる》んで締《しま》りがなくなったからではなく、筋肉が減って細くなり、同時にその周囲に脂肪がついた結果。ですから、部位別に引き締めをしたいなら、その部位の筋肉を鍛えつつ、同時に周囲の脂肪を減らさなければならないのです。

しかし、ここで重要なことが一つ。それは**「体脂肪が特定の部分だけ減る」ことはありえない**ことです。その理由は次のようになります。

運動や食事制限で体内のエネルギーが不足すると、これを補うために体脂肪を分解するホルモンが分泌されます。このホルモンは血液に運ばれ全身を巡るので、全身のすべての脂肪細胞に届きます。

ホルモンの指令が届くと、すべての脂肪細胞はほぼ均等に分解され、「遊離脂肪酸」という形で血液中に放出されます。筋肉はこれをエネルギーとして利用するのであって、周囲にある脂肪を直接使うわけではないのです。

そもそも、筋トレは一つの運動に参加する筋肉がごく一部に限られているため、スポーツや有酸素運動といった全身運動に比べると消費エネルギーは少なく、直接的に体脂肪を減らす効果は期待できません。筋トレの目的は基礎代謝を上げてエネルギーを消費しやすいカラダをつくり、その結果、間接的に体脂肪を減らすことにあります。

じつはどのような方法で体脂肪を減らしても、気になる部分、絞りたい部分ほど、減ることになります。矛盾するような話ですが、それにはこういった理由があります。

体の各部位にある脂肪細胞の数は遺伝的に決まっています。二の腕、お腹、お尻、ふくらはぎのように脂肪細胞の多い部位もあれば、頭、手の甲、ヒザ、脛《すね》のように少ない部分もあります。これには人種差、個人差が多少ありますが、おおむね共通した傾向にあります。

1ミリが半分になるよりも、1センチが半分になった方が、さらには10センチが半分になった方が、減った割合が一緒であってもたくさん減ったように見えます。これと同じ理屈で、全身の脂肪細胞は均等に使われますが、脂肪細胞の多い部分ほど「減り幅」が大きくなるので、気になる部分ほど減りやすい、というわけです。

ここを改善！

やせたい部分だけ筋トレする

重りを上げ下げするスピードにも理由がある

筋肉を競い合うテレビ番組などでは、タレントが高速で腕立て伏せや腹筋をしているように、筋トレをするときに動作を速くするほど筋肉を鍛える効果がある、と考えている方も少なくありませんがこれは、ハッキリ言って逆効果。

筋トレは自分の体重、ダンベル、マシンのプレートなど、重りを抵抗にして行う運動ですが、筋トレ中は**抵抗を受けながら、ある程度ゆっくり動かないと筋肉には「効き」ません。**

適正なスピードは、重りを1~2秒かけて上げ、2~4秒にかけて下ろすこと。これには2つの理由があります。

第一に、ウエイトを速く持ち上げようとすればするほど、フォームが崩れて、鍛えたい筋肉（主働筋）以外を使いやすくなってしまうこと。

ウエイトリフティングでは、床に置いてある１００㎏を超える重りを一瞬で肩口や頭上に持ち上げます。なぜあれほどのスピードが出るのかといえば、全身の筋肉を使っているから。腕や脚など一部の筋肉だけを使って重りを上下させようとしたら、そうそう速く持ち上げられるものではありません。

本来、腕立て伏せは「胸、肩、二の腕」の筋肉を使って腕を曲げ伸ばしするエクササイズですが、冒頭のテレビ番組のように高速で行うとフォームは崩れます。腰や脚など、他の筋肉も使ってしまうので、目的とする主働筋にかかる負荷が減り「効き」にくくなるのです。逆にいえば**速度を抑えて筋トレをした方が、鍛えたい主働筋だけを使いやすくなる**ということです。

第二の理由は、速く行うと「勢い」が生じること。最初に強い力を出さなければならないものの勢いがつくため、実際に筋肉が力を発揮するのは一瞬だけ。後は重りに対して抵抗することなく、単に勢いで縮んでいるに過ぎなくなってしまうからです。

これは自動車が発進する時にはアクセルをギュッと踏んで強い力を必要とするものの、一旦スピードが出たら、あまりアクセルを踏まなくてもスピードが持続するのと同じ理屈です。

筋肉を太く、強くするには抵抗に対して力を発揮して疲労させる必要がありますので、このように動作の始めに一瞬だけ力を出すという筋トレのやり方は、筋肉が疲労せず非効率です。動作全般に渡って筋肉が力を出すことで十分疲労し、その結果筋肉の肥大、筋力アップが起きます。

筋トレは最大に反復できる重量の70～80％前後の重さを上げ下げすると良いのですが、このレベルの重さの場合は、適正なスピードで行うと余分な勢いが生れず、したがって動作中、筋肉は重りの抵抗を感じながら収縮することができます。

腕やふくらはぎなど動きの小さい、つまり、重りの移動距離が短い運動ならば1秒で持ち上げて2秒で下ろす、スクワットや腕立て伏せのように移動距離が長い運動ならば2秒で持ち上げて4秒で下ろすようにすると良いでしょう。

ここを改善！ 重りをスピーディに動かしてはいけない

筋肉を大きくするには「速筋」を鍛える

腕立て伏せは最も身近で手軽な筋トレの一つで、胸を厚くしたい、腕を太くしたいと、取り組んでいる方も少なくないと思います。結論からいいますと、**筋トレ初期の段階では筋肉は大きくなりますが、筋力が向上するほど筋肉を肥大させる効果は薄くなります。**あなたが、いくら腕立て伏せをしても効果が出ないと悩んでいるなら、それは当然のことなのです。

理由は明解です。あるエクササイズで最大に反復できる重量を「最大反復可能重量」、あるいは「1RM（repetition max）」といいますが、**筋肉を肥大させるには1RMの70〜80％程度の重量を、6〜10回程度挙上するというのが最も効果的です。**

筋肉は筋線維というごく細い繊維の集まりで、一つの筋肉には力が強くて持続力がない「速筋線維」と、力が弱くて持続力のある「遅筋線維」が混在しています。同じ「走る」運動であっても強い力を短時間発揮する短距離選手は速筋線維が発達し、弱い力を長時間発揮する長距離選手は遅筋線維が発達します。

選手それぞれの脚を比べれば一目瞭然ですが、速筋線維は太くなりやすく、遅筋線維は太くなりにくい特徴があります。

1RMの70〜80％になる重りを扱う場合、主に働くのは速筋線維なので、筋肉が肥大しやすくなります。

これが1RMの70％未満と軽くなって反復回数が増えると、主に参加する筋線維は遅筋線維となり、筋持久力を高める効果はあるものの、筋肥大はしにくくなります。筋トレの場合、〝できないこと〟が優位に働くのです。

しかし、これ以上重量が重くなって、反復できる回数が少なくなってもいけません。そうなると筋肉そのものに働きかけるよりも、筋肉の神経的な面を発達させて筋力を高める効果が大きくなり、筋肉そのものを肥大させる効果が小さくなります。

したがって、**腕立伏せが12回以下しか反復できないような段階の人の場合、負荷が筋肥大トレーニングとして適切となり、速筋に働きかけて筋肥大させることができる。**し

工夫しだいで負荷は変えられる

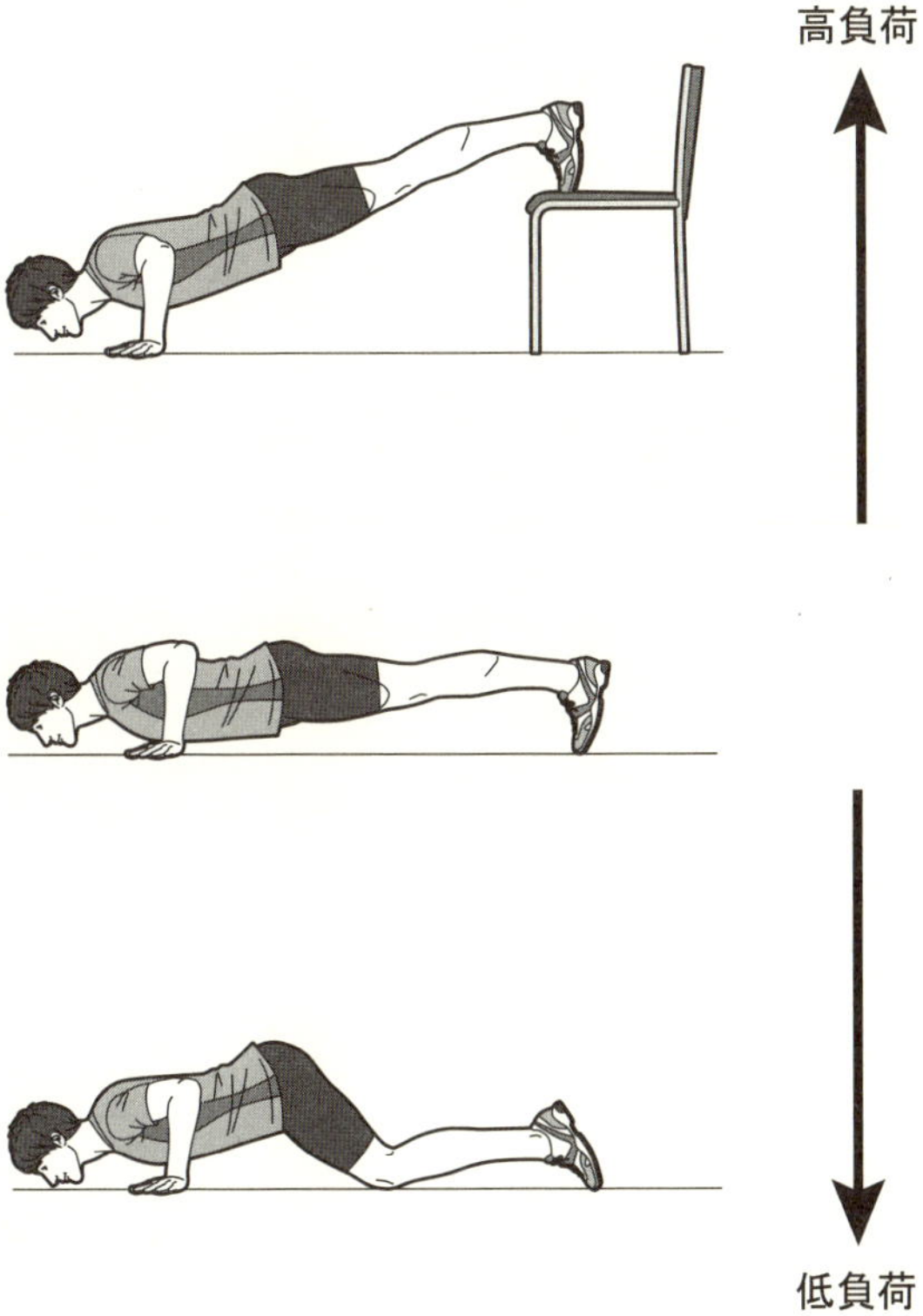

イラスト中央が通常よく行う腕立て伏せのパターンだが、フォームを変えると負荷の調整が可能。足をイスにのせれば高負荷になり、通常のフォームで50回できる人でも、10回できるかできないかになる。両ヒザを床につければ負荷が減る。

かし、これに**慣れてきて15回、20回と反復できるようになると、筋持久力を高めること**
はできるものの、筋肥大の効果はどんどん少なくなるということ。

これは腕立て伏せに限らず、自分の体重を重りとして用いる、「自体重トレーニング」全般にいえることです。

安全かつ効率よく筋肉を肥大させるには、筋力の向上に従って、徐々に負荷を上げていくことがベストな方法です。

自体重を使った筋トレでは自分の体重以上の負荷はかけられませんが、工夫次第である程度までは負荷を高めて、筋肥大の効果を持続することは可能です（P47参照）。

例えば腕立て伏せであれば、足を椅子の上に乗せて高く上げる、手と手の間の幅を広くする、左右の手に均等に体重をかけず、左右に交互に体重をかける、という方法で負荷を強くすることができます。

ここを改善！

ずっと同じ負荷で筋トレを続けてはいけない

筋トレ前のストレッチは効果を半減させる

「筋トレをする前に、筋肉をストレッチで伸ばしておく」。こう聞いたことはないでしょうか？　しかし、じつは筋トレ前のストレッチはかえってマイナスに働く可能性が高いといえます。その理由をお話する前に、ストレッチについて簡単にご説明をしておく必要があるので、お付き合いください。

文字通り「筋肉を伸ばす」のがストレッチで、フィットネスがブームとなった25年ほど前にエアロビクス、筋トレとともに日本に紹介され、あっという間に一般に浸透しました。

ストレッチには大きく分けると「静的ストレッチ」と「動的ストレッチ」、２つの方法があります。

「静的ストレッチ」はヨガのようにじっくりと一つ一つの筋肉を伸ばして静止するもの

で、一般的にストレッチといえばこちらを指しています。

「動的ストレッチ」はラジオ体操のように腕を振ったり、脚の曲げ伸ばしをして、静止をせずに筋肉の伸び縮みを繰り返すものです。

動的ストレッチはさらに、反動をつけながら静的ストレッチのポーズを行う「バリスティックストレッチ」と、日常生活動作やスポーツ競技動作を模して行う「ダイナミックストレッチ」の2つに分けられてますが、両者を厳密に区別することは難しいので、本書では静的ストレッチ、動的ストレッチの2種類だけと考えます。

ではなぜ筋トレの前に静的ストレッチを行ってはいけないのか。それは、静的ストレッチには伸ばした筋肉の興奮を静めて緊張を取り去る効果と、安静時に働く副交感神経を優位にし、心身をリラックスさせる働きがあるからです。

筋トレ前に静的ストレッチをすると、心身はダラリと弛緩してしまい、筋肉が発揮できる力が低下し、その結果、効果も落ちてくるというわけです。

とはいえ、まったくのマイナスというわけではなく、カラダのコリを解消するという意味で必要です。日常生活の座る、立つという低強度な運動でも、長時間続けるとその姿勢を保つために筋肉が緊張し、この緊張は運動を終えた後もしばらく残ります。これがいわゆる「コリ」です。ウォームアップの最初に静的ストレッチを行えば、これらの凝った筋肉をほぐし、カラダを一旦リセットすることができます。

ただし、この場合でも寝たまま長時間行うと心身が必要以上にゆるんで力が出にくくなるので、一つのストレッチを立ったまま5～8秒程度と手短に行い、どんどん次の動きに移って、トータル3～5分程度に抑えます。

静的ストレッチは筋トレの後のクールダウンの中でじっくり行うのが賢明です。筋トレ後の方が筋肉の温度が上がって、筋肉が伸びやすい環境が整えられていますし、クールダウンの一番の目的が心身の緊張を取り去り、疲労回復を促進することだからです。ウォームアップとクールダウンの詳しいやり方は160ページでも解説します。

ここを改善！

筋トレ前に長時間ストレッチをやってはいけない

EMSやブルブルマシンで筋トレできるのか?

この10年ほど、通販ではEMSという筋肉に電極パットを当てて筋肉を収縮させるダイエットグッズが人気です。似たような商品でカラダに捲いてブルブルと振動させるマシンも5年ほど前に流行しました。このようなグッズに筋トレ効果はあるのでしょうか?

結論からいえば、EMSは極軽い筋トレができるので、一定の効果はあるといえます。しかし、**ブルブルマシンはマッサージ器具であり、筋トレとしての効果は0**です。

筋肉は興奮した運動神経から出る号令によって収縮しますが、神経の興奮は電気が流れることで脳、あるいは脊髄から、末端の筋肉へと伝わっていきます。このため私たちのカラダに微弱な電流を流すと、運動神経の興奮を外側から作り出して、筋肉を収縮させることができるのです。

小中学校の理科の授業で、カエルの脚に電流を流して脚を動かす、という実験をしたことがある人も少なくないでしょう。あれと同じしくみです。

じつは中周波、高周波を流した場合は、自分の意志で発揮できるよりも強い筋収縮を起こすことも可能です。しかし、一般的に販売されているのは低周波を出すマシン。これでも筋肉を収縮させることはできますが、発揮する筋力は極わずかに過ぎません。

ＥＭＳのテレビＣＭで「腹筋運動数百回に相当」と表現されていますが、**数百回できるということは、一回あたりに筋肉が出す力が非常に弱い**ということ。筋肉を太く、強くするには、負荷に対抗するために強い力を10回前後出す必要がありますので、何十回、何百回も繰り返し弱い力を出したところで、筋肥大や筋力アップは望めません。

関節の痛みがある、長期療養後などで筋肉を動かすことができない、極度に筋肉が弱っているといった特別な場合であれば、効果はあるでしょう。しかし、健康なカラダならば、低周波マシンを用いても筋肥大、筋力アップを期待することはできません。**普通に腕立て、腹筋運動、スクワットを10回×３セット行った方が、圧倒的に大きな効果が得られる**でしょう。

消費エネルギーという点でも期待はできません。エネルギーを消費するには、たくさんの筋肉が長時間収縮する必要があります。エネルギーの消費量が増えるほど、筋肉は酸素を必要とするので呼吸数が増え、酸素を運搬する血液をたくさん流そうと心拍数が上がります。

しかし**EMSをつけても、心拍数や呼吸数にほとんど変化は見られません。**これはエネルギー消費量が非常に少ないことを表しています。

最後にブルブルマシンについてですが、筋肉をゆする動きには筋肉を収縮させたり、エネルギーを消費させる働きはありません。あれはあくまでもマッサージ機器であり、運動機器ではないと認識しておきましょう。

ここを改善！

EMSやブルブルマシンを使っても筋トレにならない

ジョギングも一緒にやるなら、筋トレの後で

近年は空前のジョギングブーム。老若男女が季節を問わず走っている様子をよく見かけます。筋トレはしていないが、ジョギングはしている人も多く、筋トレ前のウォーミングアップとして取り入れている人も増えているようです。しかし、10分程度ならともかく、**30分以上のジョギングは、かえって筋トレの効率を下げることになります。**なぜなら長時間のジョギングが筋肉のガス欠を招くからです。

筋トレのおもなエネルギー源は糖分で、ジョギングでは糖分と脂肪の両方を使います。体の一部を使う筋トレはエネルギーの消費量が少ないので、1時間程度行ったとしてもカラダには糖分が残りますが、全身運動であるジョギングはエネルギーをたくさん使うため、一時間も走るとカラダの糖分が底をつき始めます。

このため、**筋トレの前にジョギングを長時間やってしまうと筋肉はガス欠状態となり、**

筋肉を肥大化させるために必要な大きな力が出せません。その結果、効果が下がってしまうのです。

その点ジョギングの前に筋トレを行えば糖分の減少を抑えられますし、そもそも有酸素運動で糖分だけでなく脂肪も使うことができるわけですから、ジョギングを行うのに支障はありません。

ジョギングと筋トレを両方行い、双方の**効果を最大に引き出したいのであれば、筋トレ→有酸素運動、**の順番で行いましょう。

市民ランナーとしてタイムを伸ばすために走っている人も、ぜひ補強として筋トレを取り入れてみてください。その理由はいくつかありますが、第一に筋力を高めるとケガなどの障害が予防できるからです。

走っていると脛《すね》やヒザに負担がかかりますが、筋力があると衝撃を吸収して、骨や関節にかかる負担を減らしてくれるのです。

ほかにも、心臓が全身に血液を送る働きを高める効果や、ランナーは骨密度が低下しやすいのですが、**骨の成長も促す成長ホルモンの分泌を促進する働きもあります。**

この場合は、走る前に筋トレをしてしまうと、筋トレ後の局所疲労によってランニングのフォームが崩れやすくなります。ランナーであれば、筋トレは補助運動として考え、走った後に行うようにしましょう。

ここを改善！

筋トレ前にジョギングをしてはいけない

筋トレのウソ？　ホント？

体質によって筋肉がつきにくいことはあるのか？

少し筋トレをして成果が出なかったりすると、「自分は筋肉がつきにくい体質」だと諦めてしまう人がいます。

しかし諦めなきゃいけないほど、大きな遺伝的差はありません。

たしかに、遺伝的に筋肉がつきやすい人、つきにくい人はいます。

元々寒い北方にいたアングロサクソンは、熱の発生装置である筋肉が多い人ほど生きていく上で有利だったため、より筋肉の多い人たちの遺伝子が脈々と受け継がれてきました。ですから、彼らはモンゴロイドの私たちより筋肉がつきやすい体質をもっています。

もちろん、同じ日本人でも、持って生まれた筋線維の数、成長ホルモンや男性ホルモンの分泌量など、先天的、遺伝的な差は多少あるでしょう。

しかし、それよりも後天的な影響、つまり運動、栄養、休養の方が大きく、努力次第で十分に筋肉は大きくなります。

その証拠に、今では誰もが筋肉隆々に見える米国人も、40年、50年前は筋肉の量という意味では日本人と大差がありませんでした。

その頃の西部劇などの映画の登場人物を見てみてください。彼らは、我々日本人より骨格こそ大きいものの、筋肉の量はそれほど多くないことに気づくはずです。

彼らの筋肉が急激に増えたのは、フィットネスクラブが広まり、筋トレが一般に普及した1970年代以降です。

適切な筋トレをして、適切な栄養と休養を取れば、誰でも確実に効果は出ます。遺伝的な差は、これを邪魔するほど大きくはありません。

第2章
鍛える前に、筋肉のクセを知っておけ！

―筋肉の「M気質」を理解すれば、必ず細マッチョになれる―

理想の体型の近道、20歳の自分を取り戻せ

そもそも筋トレは何のために行うのでしょうか？

筋トレの効果には、1．筋持久力、2．筋肥大、3．筋力、4．筋パワー（瞬発力）をそれぞれ向上させるという4つがあげられます。中でも注目すべきは2の筋肥大。これにより、**誰でもいわゆる細マッチョのような理想の体型をつくることができる**のです。

筋肥大というと何かムキムキのマッチョをイメージするかもしれませんが、筋肉を過剰に太くするのではなく、「ピークである20歳の頃の筋肉量」に戻してあげれば良いのです。

あなたも学生の頃は細マッチョじゃなかったでしょうか？　それは10代～20歳頃まではカラダの成長を促す成長ホルモンなどがたくさん分泌され、特別な運動をしなくても筋肉が自然に増えていたからです。

まして学生の頃は部活や学校体育、そして遊びの中でもたくさん動く機会があります

から、それらが刺激となって筋肉をドンドン増やすことができたのです。

ところが社会人になってカラダを動かす機会が激減すると、知らず知らずのうちに徐々に筋肉は落ちていきます。**20歳の筋肉量を100として、毎年1％ずつ減っていくと仮定すると、10年後の30歳では90に、40歳では80まで減ってしまうことになります。**

この落ちてしまった筋肉を筋トレの筋肥大効果を利用して取り戻し、ピーク時の20歳の頃の状態に戻すだけで、カラダは引き締まります。

ただし、加齢と運動不足で筋肉は全身まんべんなく落ちていきますから、肩とか胸とかの一部ではなく、全身バランスの良い筋トレが必要です。

全身を鍛えたうえで、「もっと腕を太くしたい」「胸板を厚くしたい」と思えば、その部分の筋トレをさらに頑張ってあげることになります。

筋トレによって筋肥大させると、意外なことに体脂肪を減らすことができます。私たちの体重は食事や飲料で体に摂り入れるエネルギーと、消費するエネルギーの量のバランスで決まります。前者が多ければ太り、後者が大きければやせるというシンプルなしくみです。

社会人になると筋肉の減少とともに体脂肪が少しずつ増え、顔が丸くなり、お腹がつまめるようになり、お尻もダラっと垂れてきます。これは経済的に安定して食生活が豊かになることに加え、加齢や運動不足によって基礎代謝量の低下が大きな原因です。

基礎代謝とは生きるために必要なエネルギーの消費で、言い換えれば一日ただ寝ているだけでも使われます。これは全消費エネルギー量のなんと60％！ そしてこの基礎代謝量のうち筋肉が消費する量が最も多いのです。

ですから、筋肉をピーク時の20歳の状態に戻してあげるだけで、基礎代謝量を上げて消費エネルギー量を底上げし、収支バランスを赤字に転化できます。結果、体脂肪を減らすことにつながります。

筋トレを行い筋力がアップすると、普段の行動もラクになるでしょう。また、猫背にならず正しい姿勢をキープできるため、見た目にも年齢を感じさせない若々しい印象を与えられます。休日にスポーツをしている人たちは、より動きのキレが良くなる、フットワークが軽くなる……など、体型づくり以外の効果も得られます。

筋肉は「超回復」することで大きくなる

筋トレの効果を上げる具体的なテクニックをご紹介する前に、筋肉のしくみ、そして筋トレの基本的な考え方も知っておきましょう。私たちが、重りを上げ下げしている時、筋肉はどのように働き、そして筋肉の内部では何が起きているのでしょうか？

まず筋肉の働きについてみてみましょう。骨と骨は関節で結合していて、この関節を軸に回転運動をするのですが、骨は自分では動けません。関節をまたいで骨についている筋肉が収縮することで、骨は関節を軸に引き寄せ合って運動が起こります。

例えばダンベルを持って腕を曲げ伸ばしする「アームカール」（P65参照）では、上腕にある「上腕骨」と前腕部にある「尺骨」という骨についている「上腕筋」という筋肉が働きます。上腕筋が重りよりも強い力を発揮すると、ヒジの関節を軸に前腕部が上向きに回転し、末端にある重りが持ち上がるのです。このように、筋肉が短くなりながら力を発揮する収縮を「コンセントリックな収縮（短縮性収縮）」と呼びます。

一方、重りを元の位置に戻すときは、上腕筋は重りよりも弱い力を出しつつ伸びながら力を発揮することになります。この収縮は「エキセントリックな収縮（伸張性収縮）」と呼ばれます。

基本的に筋肉の収縮の仕方、力の発揮の仕方にはこの2種類があると覚えておいてください。筋肉の収縮状態に合わせて重りを動かすスピードに変化をつけると、筋トレ効果が出やすくなります。筋トレと速度については116ページで詳しく紹介します。


次に筋肉についてみてみましょう。**筋肉は髪の毛一本分程度の細い筋線維の集まり**で、筋線維には力が強いが持続力がない「速筋線維」と、力は弱いが持続力に優れた「遅筋線維」の2種類があり、これらが全身それぞれの筋肉に混在しています。

前述の3つのタイプのどの筋収縮でも、筋トレ中に筋肉が強い力を出す時には速筋線維が収縮します。速筋線維は筋肉内に貯め込んでいるエネルギー源であるブドウ糖を分解してエネルギーを取り出し、その結果、乳酸と水素イオンが発生します。これは疲

筋肉は3つの収縮をする

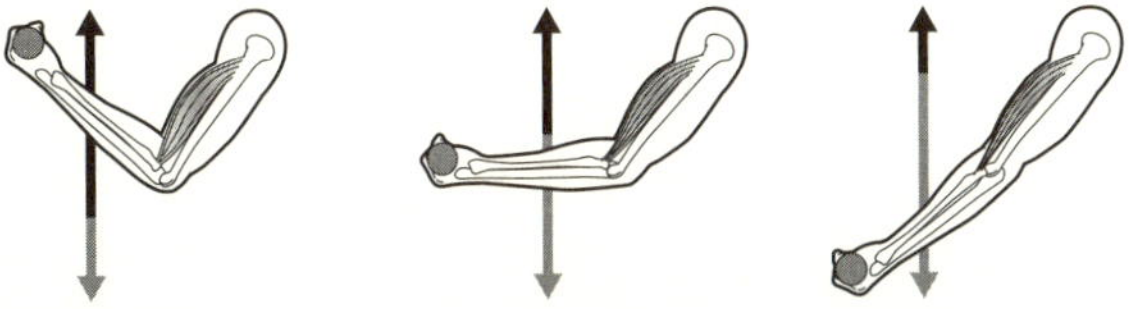

コンセントリック

負荷よりも筋力が出す力のほうが勝っている状態。重りを持ち上げる時。

アイソメトリック

筋肉が出す力と重りの重さが等しい状態。重りが途中で止まっている時。

エキセントリック

負荷が筋肉の出す力より勝っている状態。重りを下げる時。

例えばアームカールなら

ダンベルなどの重りをもって、ヒジを基点に上げ下げするワークが「アームカール」。上腕筋がコンセントリックな収縮をすると、ヒジを軸にして前腕と重りが持ち上がる。

労物質とも呼ばれ、増加すると筋肉は収縮力が弱まって疲労します。

筋肉は疲労すると、次に同じストレスを受けても疲労しないように、自分自身を太く強くしてグレードアップしようとします。この現象を「超回復」と呼びます。

筋トレの刺激が弱過ぎると、筋疲労しないので超回復は起きません。かといって、強過ぎても逆に筋肉が過度にレベルダウンするので、うまく超回復できません。筋トレの頻度が多過ぎると、超回復の前に刺激を与えることになるので、かえって低下することになります。

また、**超回復には休養期間と筋肉の材料となる栄養が必要。**休養期間は2～3日が適切で、栄養で大切なのは筋肉の主成分であるタンパク質です。

筋トレの効果を最大限に引き出すには、この超回復を理解し、適切なレベルの筋トレを行う、休養期間を設け栄養にも配慮することが必要となります。

4週目、8週目、細マッチョへの2大加速ポイント

筋トレを始めてみたものの、なかなか効果が出なくて止めてしまった。本書を手にとっていただいた方には、そういう経験をしている方もいらっしゃると思います。なかには、「自分は筋肉がつきにくい体質なんだ」とあきらめている人もいるのではないでしょうか？

じつはあなたのカラダに筋肉がつきにくいのではなく、効果が出る前に止めてしまった可能性が大きいといえます。

筋トレの大きな効果は筋肥大（見た目）と筋力アップ（筋肉の質）ですが、まず筋力アップという点では始めてすぐに効果は出ています。以前に筋トレを本格的にやったことがない人、筋トレ初心者ほど、特に初期はみるみる向上していきます。

筋肥大についても同様のことがいえるのですが、筋力アップと異なる点は、効果が出始めるのに時間がかかるということ。**筋肉の肥大が加速するのは4週間目から、肥大し**

たと実感できるのは8週間目以降になります。

ではなぜ、両者の効果の出始めには違いがあるのかをお話ししたいと思います。これを理解すれば、もっと効果的な筋トレができるでしょう。

筋力は基本的に筋肉の太さにほぼ比例するのですが、筋肉の太さ以外の要因も関係してきます。身の回りに筋肉は細いのに意外に力が強い人、逆に腕が太いのに力がない見かけ倒しな人を見たことはないでしょうか？　これは筋力が筋肉の太さだけで決まらず、他にも要因があることを意味しています。

一つ目は脳・神経系の要因。

一つの筋肉はたくさんの筋線維が集まり、複数の運動神経からの命令を受けて収縮しています。そのため、より多くの運動神経からより頻繁に命令を受けると、その分多くの筋線維が収縮するようになり、その結果、筋肉全体で出す力が強まります。

会社でいえば神経は管理職で、筋線維は社員。管理職が一斉に、しかも頻繁に命令を出せば、たくさんの社員が働くようになり、結果業績が上がるというところです。同じく脳・神経系の要因として、筋トレ中のカラダの使い方、つまり簡単にいえば要領を覚える、ということもあります。

2つ目は心理的要因。筋トレの初期は「筋肉を痛めないかな……」という不安が、無意識のうちに心理的なブレーキをかけて力を抑えてしまうものです。慣れると心理的な抑性が減って、強い力が出るようになります。

筋トレ開始から4〜8週間ぐらいまでに脳・神経系の要因が発達し、心理的抑制が減っていくので、見た目に変化は出ませんが面白いように〝筋力〟はアップします。

しかしこの期間を過ぎると、ひとしきり脳・神経系の発達と心理的抑性の解除がおさまり、より重いウエイトを持ち上げるために今度は〝筋肉の肥大〟が著しくなります。

筋トレをして筋肉が疲労すると、成長ホルモンの分泌も盛んになりますが、成長ホルモンは文字通り細胞の成長を促すので、この指令を受けた筋肉が周囲にあるタンパク質（アミノ酸）を取り込み、筋肉の肥大が進むのです。**ちなみに成長ホルモンには体脂肪を分解して血液に送る働きもあります。**

逆にいえば筋トレ開始初期の4〜8週間は、2つの要因が制限しているので、筋肉が筋肥大するのに必要な刺激を受けていない、ということです。筋トレが成功するかどうかは、最初の2か月を乗り越えられるかどうかにかかっています。

筋肉量が増えると、じつは脂肪まで燃えやすくなる

筋肉量が増え始めると、同時に高まるのが基礎代謝量です。

よく「基礎代謝が下がると太りやすくなる」といわれますが、なぜでしょう？　そもそも基礎代謝とは何でしょうか？　どうして下がって、どうすれば上げることができるのでしょうか？

一日の消費エネルギー量の大部分は、何か運動をして使った分ではなく、生命を維持するために使っていて、このエネルギー量のことを基礎代謝量と呼んでいます。一日中何もせずに眠り続けても、基礎代謝量分は消費されます。

基礎代謝量は全消費エネルギー量の60％程度を占めていて、概算ですが、一般の成人

男性であれば、一日に消費するエネルギー量は「体重×40kcal」、基礎代謝量は「体重×24kcal」です。体重70kgであれば、一日寝ているだけでも、70kg×24kcal＝１６８０kcal程度を消費します。

1日に消費するエネルギー量、基礎代謝量を計算してみよう

●消費エネルギー量
体重［　　］kg×40kcal＝［　　］kcal

●基礎代謝量
体重［　　］kg×24kcal＝［　　］kcal

基礎代謝量が下がれば、消費エネルギー量全体が落ち込みます。
食事で取り込む摂取エネルギー量が一定であれば、その結果エネルギー収支が黒字に転化し、あまったエネルギーが体脂肪という形で貯蔵されるので、「基礎代謝が下がる

と太りやすくなる」というわけです。

基礎代謝量は20歳をピークに徐々に下がります。この最も大きな原因は加齢と運動不足による筋肉量の減少にありますが、基礎代謝量のうち筋肉が消費するのは20～40％もあるので、筋肉があるだけでエネルギー消費がよくなり、脂肪を貯めないカラダになれます。

何もしてないのに、**筋肉がなぜこんなにエネルギーを消費するかというと、それは筋肉の重要な役割が、運動以上に体温をつくることだからです。**


私たちは36～37℃の平熱を保つことで全身のそれぞれの細胞、そしてその集合体である器官、組織が適性に働かせています。この平熱の主な発生源が筋肉。筋肉がエネルギーを消費する時に生まれる熱が、血液によって全身に運ばれて平熱が保たれています。

体温が下がると生命の危険にさらされるため、全身の筋肉は、運動していない時でも一日中エネルギーを消費し、せっせと熱をつくりだしています。加齢や運動不足で筋肉が少なくなると基礎代謝量が下がってしまうのは、このためです。

よく「運動で基礎代謝を上げる」と言われますが、必要以上に〝増やす〟のではその筋肉量の維持が大変です。「ピーク時の20歳の頃の筋肉量、基礎代謝量に〝戻す〟」と捉えるのが正解。これを理解すると、筋トレに対するハードルも下がることでしょう。

筋肉１kgで一日30kcalを消費しますので、筋肉を３kg取り戻すことができれば、基礎代謝量は90kcal上がります。 90kcalは体脂肪でいえば13g程度。３kgの筋肉を取り戻すだけで、何もしなくても毎日13gの体脂肪を余分に消費するようになるのです。13gというと小さいようですが、１か月で約４００g、１年で約５kgにもなります。

ただし、体脂肪を減らそうとして食事制限をすると体脂肪だけでなく一緒に筋肉が減ってしまい、その結果基礎代謝量が下がります。これを防ぐため食事制限と筋トレは必ず並行して行い、基礎代謝量を維持することが大切です。

インナーマッスル偏重主義にモノ申す

ここ数年、「基礎代謝」と同じく筋トレやダイエットでよく耳にするのが「インナーマッスル」という言葉です。

インナーマッスルとは表面からはまったく、あるいはほんの一部しか見えず、触れられない筋肉を指します。

このためあまり馴染みのない名前の筋肉が多く、下半身では股関節周りにあってヒザを上げる働きをする「腸腰筋《ちょうようきん》」、体幹では背骨周りにあって背骨を伸ばす時に働く「横突棘筋《おうとつきょくきん》」、上半身では肩周囲にあって主に肩を捻る時に働く「肩甲下筋《けんこうかきん》」などがあります。

「インナーマッスルを鍛えるとカッコいいカラダが手に入る」「インナーマッスルを鍛えるとスポーツに役立つ」という話をよく聞きます。インナーマッスルという言葉は何となく「内側からキレイなる」「芯がしっかりしてくる」というイメージを与えやすく、受け入れられやすい言葉なのでしょう。

しかし、実際は**ボディーメイクのためにも、スポーツや日常生活で役立つカラダをつくるためにも、「アウターマッスル」を鍛えるべきです。**

私たちの全身には６００を超える筋肉がありますが、そのうち表面に近く、触れることができる筋肉をアウターマッスルと呼びます。アウターマッスルの代表は、下半身では腿前の「大腿四頭筋《だいたいしとうきん》」など、体幹ではお腹の「腹直筋《ふくちょくきん》」、上半身では胸の「大胸筋《だいきょうきん》」などがあります。

インナーマッスル、アウターマッスルの違いは、触れられるかどうかだけではなく、じつはその働きにあります。

アウターマッスルの多くは体積が大きく、両端が関節を跨《また》いで離れて骨に結び付いていて、収縮すると強い力を発揮し、腕や脚の曲げ伸ばしなど大きな運動を起こします。

一方、インナーマッスルの多くは体積が小さく、両端は関節を跨いで比較的近くに結び付いて、関節の構造を補強する靭帯のような役割をして持続的に働いていますが、発揮する力は弱く、起こせる運動も小さいのです。

このような働きの違いのために、**インナーマッスルは極端に減ることがない一方で、**

筋トレで大きくもなりにくく、一生の間でボリュームがあまり変化しないのに対し、アウターマッスルはボリュームの変化が大きいという特徴があります。

なぜボディーメイク、つまり筋肉を増やしたり、体脂肪を減らすためにアウターマッスルを鍛えなければならないかといえば、このように**筋トレによって大きく強くなりやすい筋肉なので、理想の体型づくりにおいて成果が出やすい**からです。

逆にいえば体型が崩れた原因が運動不足や加齢、食事制限によって起こるアウターマッスルの減少にほかならないのです。

じつは、日常生活やスポーツとの関連でもアウターマッスルの方が重要です。同じ体重、体格であっても、男性の方が女性より大きな荷物を抱えられる、歩くのが速い、高く跳べる、速いボールが投げられるのは、男性の方が女性よりもアウターマッスルの筋肉量が多く、出せる力が強いからです。

そもそもインナーマッスルはアウターマッスルの補佐的な役割をしているため、筋トレでアウターマッスルを鍛えている時には、同時にインナーマッスルも使っていることがほとんどです。なので、インナーマッスルにこだわるよりも、**アウターマッスルを鍛える方が的を射ています。理想の体型づくり、体力向上、ともに双方の結果が出る**ので、一挙両得でもあります。

赤筋VS白筋、本当に鍛えるべきはどっちか？

筋肉は筋線維という細長い細胞が束になってできていて、力は弱いが持続力に優れる「遅筋」と、力は強いが持続力で劣る「速筋」の2種類があることは45ページで説明したとおりです。

じつはこれらの筋肉はそれぞれ「赤筋」「白筋」と呼ばれることがあります。なんだかワインみたいですが、中間のロゼに相当する筋肉もあります。顕微鏡で確認するために染色すると前者は赤くなるため、遅筋は赤筋、速筋は白筋とも呼ばれているのです。

速筋線維には比較的持久力に優れ、持久的な運動をすると遅筋のように変化する中間筋線維と呼ばれるものもあり、これがロゼに相当します。

赤筋だけでできている筋肉、白筋だけでできている筋肉というのはなく、それぞれの筋肉の中で混在しています。そして、赤筋と白筋の線維数の割合は遺伝的に決まっており、アングロサクソンの多くは白筋の割合が多いため瞬発力に優れ、モンゴロイドの多くは赤筋の割合が多いため持久力に優れていると考えられています。

線維の割合は変えられませんが、赤と白の割合の違いが10：0とか、0：10のように極端ではありません。ですから遺伝的な違いがあっても、それは効果が出やすいか出にくいかに多少の影響を及ぼすだけです。

誰でも必ず持久的な運動をすれば赤筋が発達し、瞬発的な運動をすれば白筋が発達しますし、筋トレの場合、軽い重さでたくさん回数を行うと赤筋が、重い重さで少ない回数を行えば白筋が発達します。整理するとこんな感じです。

遅筋＝赤筋⇒軽い重さで回数の多い運動で発達　例）持久走
速筋＝白筋⇒重い重さで少ない回数の運動で発達　例）重量挙げ

「脂肪を減らすには赤い筋肉を鍛える」といわれることがありますが、これは白筋がエネルギー源として糖を使って収縮するのに対し、赤筋は脂肪も使うことができるからです。これが「赤筋を鍛える方が代謝アップや減脂肪に効果的だ」という考えの背景になっています。

これは一見正しいようですが、誤った考え方です。というのも**加齢、運動不足、そして食事制限を行った時に著しく減るのが白筋だからです。**

赤筋は姿勢を保つだけでも使われますし、移動、家事、仕事などで低強度の運動でも使われるため、普通に生活を行っている限り衰えにくい。つまり細くなったり、弱ったりしにくく、したがって、脂肪を減らすためにも、アンチエイジングのためにも白筋を鍛えることが正しい対処法になってくるのです。

白筋を鍛えるには、重い重量を少ない回数あげることが有効です。以前、効果的な筋トレは、10回前後しか上げられないくらいの重さを、あと2回できる余裕を残して上げ下げすることだと解説しましたが、白筋を鍛える意味で理にかなっているのです。

もし現在、腕立て伏せが15回、20回とできるならば、赤筋を鍛えていることになります。白筋を鍛えるためには、手の幅を広くするか、足をイスの座面の上に置くなどして、腕にかかる重さを増やし、反復する回数を減らしましょう。

「筋肉が脂肪に変わる」のウソ

筋肉は運動、特に筋トレをして鍛えると太く強くなります。逆に筋トレを止めたり、運動不足になると、筋肉は少しずつ細くなっていきます。

例えば手足の骨折などをしてギプス固定をすると、6週間で筋肉は25％も減少するといわれています。また、無重力状態では筋肉にかかる刺激が限りなく0に近づくため、宇宙飛行士は船内でトレーニングを行わないと、地球へ帰った時には立つことさえもできなくなるほど筋肉は細く、弱くなってしまいます。

このように極端ではなくとも、社会人になり運動する機会が激減すると、筋肉は当然少しずつ減少していきます。生活自体に変化がなくても、**歳を重ねるだけで筋肉は一年に0・5％、40歳をすぎると年率1％程度減少するといわれているのです。**

よく「使わなくなった筋肉は脂肪に変わる」という言葉を耳にすることがあります。たしかに部活を引退したり、フィットネスクラブを止めてしばらく経つと、手足の太さはあまり変わらないのに、「張り」がなくなり、プヨプヨしてきて、筋肉が脂肪に変わってしまったかのように感じるでしょう。しかし、これはそう感じるだけであって、**筋肉が脂肪に変わることは絶対にありえません。**

筋トレをやめて筋肉の量が減ってくると、基礎代謝量が低下。筋力が落ちるため疲れやすくなり、結果日常の運動量が減って消費エネルギーがますます落ち込むという流れになります。

一方、食生活というのは筋トレを止めてもあまり変わらず、その結果、摂取エネルギー量も変わりません。消費が減って摂取は変わりませんから、エネルギー収支の黒字状態が生まれ、体脂肪は増加します。**筋肉が細くなると同時に、小さくなった上に体脂肪が増加するので、筋トレを止めると、まるで筋肉が脂肪に変わってしまったかのような錯覚を受ける**のです。

逆に筋トレをすると、あたかも体脂肪が筋肉に変わるかのように感じますが、これも錯覚。

先程の話とは真逆に、筋トレをすると筋肉が増加し、運動量も増えやすくなります。その結果、消費エネルギー量が増え、体脂肪が減少し、まるで体脂肪が筋肉に変わってしまったかのような錯覚を受けるのです。

残念ながら、これまでどんなに筋肉量を増やしていようとも、筋トレを中止すれば筋肉は徐々に細くなり、最終的には日常生活を維持できる程度のレベル、つまり筋トレを始める前のレベルまで低下します。

筋トレで得た筋肉量の多い人ほど、減少スピードをゆるやかにすることができますが、せっかく獲得した筋肉量を失ってしまうのはもったいないことです。

筋肉は増やすより維持するほうが簡単だといわれます。**意外に思われるかもしれませ**

んが、維持のためには10日に一回か週に一回筋トレを行えば良いのです。筋肉を増やす努力よりも数倍容易なので、中止をせず継続しましょう。

筋肉をつけたいなら、脂肪も摂りなさい

「筋肉をつけるにはタンパク質をたくさん摂って、脂肪はできるだけ摂らない方がいい」こう思っている人も少なくないのでは？　たしかに筋肉の細胞である筋線維はタンパク質からできているので、筋肉を太く強くするためには、材料となるタンパク質を食事から摂り入れなければならないでしょう。

1章でもお話ししましたが、筋トレをすると筋肉がグレードアップしようとして、周囲にあるタンパク質の分子であるアミノ酸を取り込もうとします。しかし、このタイミングで周囲にアミノ酸がなければ、筋肉は肥大することができません。仕事をバリバリ

やりたくても肝心の仕事がない、という状況なのです。

逆にこのタイミングでアミノ酸が周囲にあれば、筋肉はこれを取り込んで肥大を始めます。筋トレを開始したら、つねに体内にアミノ酸が満ち足りている状態をつくらなければならないので、**通常の1・5~2倍を摂る必要があります。**

タンパク質の重要性に目がいくあまり、脂肪を「筋肉の敵！」と思い込む人がいますが、それは間違いです。たしかに脂肪が筋肉になるわけではないので、必要ないような気がします。しかし、極端な脂肪抜きをすると健康を害し、筋肉づくりもうまくいかなくなるのです。

脂肪は体内で体脂肪として摂りこまれやすい栄養素ですが、体脂肪自体が1．貯蔵エネルギー、2．内臓や筋肉を守る緩衝材、3．寒さから身を守る防寒具、としてそれぞれ機能していてある程度はカラダになくてはならないものです。

また、極端な脂肪抜きは、筋肉づくりそのものにとっても直接影響します。

脂肪は体内でいくつかのホルモンの材料になるのですが、その中には筋肉づくりを促進する男性ホルモンがあります。脂肪が不足すると、男性ホルモンの合成が不十分になり、せっかく筋トレをしてタンパク質を摂っても、筋肉がつくられにくくなってしまうでしょう。

摂った脂肪は単に体脂肪になるだけではなく、全身を構成する細胞膜の材料などになります。そのため**極端なアブラ抜きをすると、うまく新しい細胞をつくることができなくなり、**特に脂肪の占める割合が多い神経細胞が打撃を受けます。

加えて脂肪を摂る量が減れば、食べ物の脂に溶けているビタミンA、D、E、Kなどが不足します。ビタミンAの不足は夜盲症、Dの不足は骨密度の低下、Eの不足は貧血を起こす可能性があります。

脂肪抜きをすると、このように健康に及ぼす悪影響が大きく、コンディションを崩すことになります。コンディションを崩せば筋トレどころではないですよね。

そもそも、**体脂肪の増減は食事で摂る脂肪の割合ではなく、エネルギー収支次第。**どんなに脂肪をたくさん摂ろうともエネルギー収支が赤字なら、不足分を補うために体脂肪が使われて減少します。

逆にまったく脂肪を摂っていなくても、エネルギー収支が黒字なら黒字分が体脂肪として蓄積されてしまいます。

現状で体脂肪がたくさんある人（目安として体脂肪率が25％以上）は、エネルギー収支を赤字にすることが優先ですから、食事から摂る脂肪の量をかなり減らしても、体内で脂肪が不足することがないので問題ありません。

しかし、逆に食が細いやせ形でなかなか筋肉がつきにくい人は、まずエネルギー収支を黒字に転化することが優先。そのためにはタンパク質が必要なのはもちろんですが、脂肪も味方になります。**炭水化物とタンパク質は1g4kcalなのに対して、脂肪は1g9kcal、と倍以上のエネルギーをもっているから**です。細くて食が細い人が脂肪抜きをしてしまうと、エネルギー収支が黒字になりにくく、いくら筋トレをして、いくらタンパク質を摂っても筋肉はつきません。

筋トレのウソ？ ホント？

筋トレをするとカラダは固くなる？

筋肉隆々の肉体を評して「鋼のようなカラダ」といわれるように、筋肉をつけるとカラダが固くなると思われがちです。

そもそも一口にカラダの固さ、といっても、じつは3つの異なる意味があります。

その一つは触った時の固さ。

ヒジをグッと曲げて力こぶをつくると固くなるのは、あくまでも筋肉が力を込めながら、縮んでいる状態だからです。どんなにマッチョな人でも、筋肉に力を入れていない時には、触れると柔らかいのです。

2つ目の固さは柔軟性が低いこと。

筋トレをしっかりやっている人の中には、柔軟性が低い人がいます。しかし、そのような人は1時間も2時間も筋トレは頑張るのに、ストレッチはせいぜい5分程度。まったくやらない人もいます。

この場合、筋トレをしたから固くなったのではなく、ストレッチ不足が原因です。筋トレと並行してストレッチも行えば柔軟性は向上します。

最後は動きの固さのこと。

スポーツ選手の中には、動きが固くなると信じて、筋トレをしない人がいます。

動きの柔らかさは、下半身↓体幹↓上半身、中心部↓末端部へと筋肉がスムーズに連携して動く状態。動きの固さとは、その反対に連携が取れていないことを表します。

動きが固くなるのも、技術練習の不足や誤りが原因。筋トレだけでなく、正しい技術練習をしていれば、まったく問題ありません。

どの意味においても筋肉をつけて固くなることはないので、安心して筋トレをしてください。

第3章
自宅筋トレを必ず成功させるポイント

―やった分だけ成果につなげるフォーム・回数・頻度とは？―

今度こそ続けられる！　4つの「筋トレプラン」

ではこの章から実際のやり方について解説していきます。

「筋トレを始めよう！」と決意するとすぐに行動に移してしまいがちですが、実際にカラダを動かす前に、やっていただきたい4つの準備があります。

準備不足で登山をすれば、寒さに凍えたり、ルートを誤ってしまいます。筋トレでも同様。準備が整っていないとケガをしたり、続かない、結果が出ない、ことになります。

まず一つ目は、「なぜ筋トレをするのか、筋トレでどうなりたいのか」を明確にして、目標を設定すること。

筋トレはある程度キツイので、なんとなく始めると意欲が低下してしまいます。

「筋トレをして若返りたい」
「タレントの○○さんみたいにカッコ良くなりたい」
「自信をつけたい」

など、自分の目標を明確にし、紙に書いて部屋に貼ったり、手帳に記しておきましょう。

2つ目に大切なのは、筋トレについてある程度の知識を得ること。やみくもに筋トレをすることは、交通ルールも車の操作法も知らずに車を運転するようなものです。筋トレでどのような効果が得られるのか？　どのように行うと安全で効率よくできるのか？　この点に関しては、本書を一通り読んでいただければ良いでしょう。

そして3つ目に、プランニングです。

第一歩として、どこで、どれ位の時間、頻度で行うか、トレーニングプランを現実的に考えてみましょう。「週3回スポーツクラブに通う」と決めても、残業が多いならば家の近くで早く閉まる施設より、多少遠くても深夜までやっているジムを選ぶ方が賢明です。

自宅で筋トレをするなら、家を整理して筋トレで動けるスペースを確保します。

最後にカラダの現状把握として、筋力を測りましょう。

＜筋力の測り方＞

140ページにある腕立ての伏せのやり方を参考にしてください。ただし、胸が床に触れるまで下げること。また、3秒でカラダを下げて3秒で上げること、このペースを守れる範囲で最大8回を目標に繰り返します。できた回数で現時点での筋力レベルがわかります。

<診断結果>

- **できた回数が0〜3回→レベル1**（筋力がやや弱め）
- **できた回数が4〜7回→レベル2**（基本レベル）
- **できた回数が8回以上→レベル3**（筋力がある）

このレベル判定は、134ページから紹介している「部位別 自体重筋トレプログラム」を行う際に参考にしてください。

本書ではレベル2のエクササイズを紹介していますが、あわせてレベル1、レベル3用のアレンジも紹介していますので、自分の筋力に合った方法を選んでください。

レベル１用のエクササイズでもきつく感じる場合は、腕や脚、カラダなどを動かす距離を短く調節してください。短いほうが負荷は弱くなります。

自分の体型を理解し、細マッチョへの道のりを描く

次に自分の体型を判断しましょう。

一般の人の体型は大きく分けて、「ホッソリ体型」「プヨプヨ体型」「ポッチャリ体型」の３つにカテゴライズできます。

ホッソリ体型は筋肉も体脂肪も少ないためカラダの線が細い人。プヨプヨ体型は筋肉が少なく、脂肪は多い隠れ肥満。服を着ていると太っては見えないが、ぽっこり腹が出ているというタイプです。

最後のポッチャリ体型はいわゆるおデブちゃんで、誰が見ても明らかに太っている人。

とはいえ、プヨプヨ体型とポッチャリ体型のどちらに属するかわからないという人の

ためにも、自分がどのタイプに当てはまるのかを簡単に判定する方法をご紹介します。

＜判定方法＞

①ウエストサイズ（㎝）÷身長（㎝）＝□

メジャーを使っておへソ周りのウエストサイズを測ってください。これを身長で割ります。お腹周りは内臓脂肪に加え皮下脂肪がつきやすい場所なので、この数値が高いほど、体脂肪率が高いことが推測できます。

②体重（kg）÷身長（m）^{2}＝□

体重を身長の2乗で割ります。ただし身長はメートルに変えて計算します。これは「体格指数」と呼ばれ、文字通り見た目の体型を表す数値です。

＜判定結果＞

・①の数値が0・45未満で、②の数値が21未満だった人→ホッソリ体型
・①の数値が0・45以上で、②の数値が24未満だった人→プヨプヨ体型
・①の数値が0・45以上で、②の数値が24以上だった人→ポッチャリ体型

私たちが理想とする細マッチョ体型はというと…

細マッチョ体型→①の数値が0・45未満で、②の数値が21以上24未満

ちなみに①の数値が0・45未満で、②の数値が24以上だった人はマッチョ体型です。

現状の体型がわかったら、最初に目を向けなければいけないのは食事の量、つまり摂取エネルギー量です。体重の増減は基礎代謝や生活や運動で使う消費エネルギー量と、食事や飲み物でカラダに入る摂取エネルギー量のバランスで決まるから。食事を変えなければ、筋トレの効果は半減します。

＜体型別　筋肉を育てる食事のポイント＞

●ホッソリ型

このタイプの場合、体脂肪は少ないので後は筋肉だけがつけば良いのですが、このまま筋トレをしても、筋肉となる材料がないため、なかなか筋肉はつきません。まずは食事から摂取エネルギー量を増やす努力をしましょう。

一回で食べる量を増やしてしまうと、カラダが受け付けることができず、また体脂肪まで増えてしまう可能性があります。食事の回数を1〜2回増やしましょう。

●プヨプヨ体型

筋肉を少し増やしながら、体脂肪を同時に減らす必要があります。摂取エネルギー量は減らしたり増やしたりする必要はなく、現状をキープします。

●ポッチャリ体型

体重が重い人は、その重みを支えるためにそうでない人よりも筋肉量が多いので、これを維持したまま体脂肪だけを減らせば引き締まった体型に変わります。そのためには摂取エネルギー量を減らす必要があります。

もちろん、すべての体型で筋トレが必要なのはいうまでもありません。それぞれの体型別に注意すべき具体的な食事の質については、４章でお話しします。

自宅トレは「自体重トレーニング」が基本

自宅で筋トレを行う場合、自分の体重全体あるいはその一部を抵抗にして行う「自体重トレーニング」が基本になります。「自体重トレーニング」とは、腕立て、腹筋運動、スクワットといった、もっとも馴染みのある筋トレです。ベーシックな方法ですが、他にはない大きなメリットが3つあります。

一つ目、そして最大のメリットは自分のカラダ一つあればできること。目的とする筋肉に適切に負荷をかけるため、小道具としてイスや机などは使いますが、あらたに道具を購入する必要がないので、すぐにでも取り組みやすく経済的です。

次に場所や時間を選ばずできること。自宅で好きな時間にできるわけですから、フィットネスクラブでは人目が気になってやりにくい、仕事が忙しくてフィットネスクラブに行く時間を確保できない、共働きで早く子供の待つ家に帰ってあげたい、といった方には特におすすめです。

自宅はもとより、オフィス、出張先や旅行先でもできます。フィットネスクラブに通っている方でも施設の休館日、使えない時間帯には自体重筋トレが役立つでしょう。

３つ目のメリットは、**トレーニングの動作や負荷のかかり方が、実際の日常動作や負荷のかかり方に近いこと。**私たちの日常生活は自分のカラダを負荷に動いているわけですから、より実際的なのです。

例えば、スクワットは自分の足でカラダを支えて上下しますが、階段を上る時の足の動きとほとんど同じ。筋トレと動作が直結してそのまま生きるのです。


ただし、自体重トレーニングにもデメリットはあります。

まず一つ目は肩、腕の前側、背中、など、鍛えにくい部位があること。例えば背中を一番効果的に鍛える自体重トレーニングは懸垂《けんすい》ですが、家の中でぶら下がることができる、しっかりした棒はなかなかないでしょう。

次に抵抗の大きさ、つまり負荷調節が難しいこと。スポーツクラブのマシンのように2・5kgあるいは5kg単位で重量を調節するわけにはいかないからです。このため、同じ筋トレのエクササイズを行ってもある人にはちょうど良いのに、ある人には強過ぎる、弱過ぎるということが起きてきます。

最後は負荷の大きさに上限があること。70kgの人がどんな工夫をしても80kgの負荷をかけることはできません。自分の体重が最大の負荷になるからです。

ただし細マッチョを目指す、日常生活やアマチュアスポーツで活かす筋力をつけるという目的であれば、自体重でも十分な負荷をかけることができます。

4章で紹介する「部位別 自体重筋トレプログラム」では、タオルやイスを使って、従来の自体重では鍛えにくかった部位に適切な抵抗をかけられるようにしていきます。

また個人の筋力に適切な負荷となるように、一つのエクササイズを、手や足の幅などを変えることで負荷調節をし、3つのレベルに分けました。

このようにデメリットを最小限に抑える工夫をしていますので、安心して取り組んでください。

意味ある筋トレ、報われない筋トレ

筋トレをごく簡単にいえば、「筋肉を使って重りを動かすこと」となるでしょう。しかし、筋肉を使って重りを動かしていても筋トレになっていない場合もあります。

以前爆発的ブームとなり、今でもスタンダードとなっている某筋トレ本には、胸の筋トレとして次のような「腕の開閉運動」（Ｐ１０２）が紹介されています。皆さんも手にペットボトルを持ってやってみてください。

＜腕の開閉運動のやり方＞

１．真っ直ぐに立って足を肩幅に開き、ダンベル（ペットボトルでも可）を両手に一つずつ持ち、腕を伸ばして床と水平に横に広げる。

２．腕を伸ばしたまま閉じて、ダンベルとダンベルを近づける。

筋肉への効き具合を確認してみよう

1．真っ直ぐに立って足を肩幅に開き、ダンベル(ペットボトル可)を両手に一つずつ持ち、腕を伸ばして床と水平に横に広げる。

2．腕を伸ばしたまま閉じて、ダンベルとダンベルを合わせる。

この動作は実際には筋トレになっていません。さて、皆さんはこの筋トレの誤りがわかったでしょうか？

この運動では胸の筋肉、たしかに大胸筋が伸び縮みしています。ダンベルも動いています。しかし、肝心なことが一つ抜けています。そこが分かると筋トレの本質もわかってきます。

筋トレは、正式には「レジスタンス・トレーニング」と呼ばれます。レジスタンスとは抵抗の意味。代表的な抵抗は「フリーウエイト」と呼ばれるダンベルやバーベル、自体重などの「重り」です。

その他にゴムバンドやバネなどの「引っ張る力＝張力」、水や空気の「圧力」などがあります。

いずれの抵抗を用いた場合でも、筋トレが筋トレとして成立するのは、筋肉の収縮によって起こる手や足などの運動が、抵抗の力とは逆向きに起きるときです。

ダンベルなどの重りは、重力に引かれて下に向かって落ちていこうとします。そのため重りを使って筋トレをするならば、上向きに運動が起こらなければなりません。

例えば、ダンベルを使ってヒジを基点に腕を曲げ伸ばしするアームカール（P65）では、前腕が上向きに動くので、筋トレとして成立しています。

しかし、冒頭の「腕の開閉運動」では、大胸筋は収縮しているものの、腕が水平方向に動いています。

ということは、**大胸筋はダンベルに逆らいながら収縮したわけではなく、単に縮んだに過ぎず、筋トレとして成立していない**のです。本来、ダンベルを使って胸の筋肉を鍛えたいならば、仰向けに寝て、腕を開閉する必要があります。

立ったままの「腕の開閉運動」で、抵抗に逆らっているのは肩にある三角筋という筋肉。三角筋は大胸筋に比べるととても小さくて、弱い筋肉ですから、この運動では胸の筋肉を鍛えることができないだけでなく、三角筋を痛めてしまう可能性が高くなります。

自体重を抵抗とした筋トレでは、他にも似たような間違いがよく見られます。

お腹を×印のように交差し、腰を捻る働きをする「腹斜筋《ふくしゃきん》」という筋肉があります。この筋肉を立ったまま腰を捻《ひね》って鍛える、というエクササイズがジムやDVDなどで見られますが、これもまた筋トレとして成立していません。

この場合、仰向《あおむ》けに寝て下半身を動かさずに上半身を左右に捻るか、逆に上半身を動かさずに下半身を捻るか、いずれかであれば、腹斜筋の収縮によって起こる運動は上向きに変わり、腹斜筋の筋トレとして成立します。

「抵抗に逆らわない運動は筋トレではない」

このことは筋トレを行ううえでもっとも重要なことなので、覚えておいてください。

鍛えたい筋肉にしっかり効く「単関節エクササイズ」とは？

問題）筋トレ界ではエクササイズの王様とも呼ばれている、代表的な脚のエクササイズと言えば？

答え）スクワット。

と、某筋肉コメディアンのネタにもされるほどポピュラーなスクワット。しかし、脚の筋肉を肥大させるためには、じつは効率的なエクササイズではありません。

というのも、スクワットは「股関節」「膝関節」「足関節」と3つの関節を動かす運動で、それぞれの関節を動かすためにたくさんの筋肉が参加するからです。

大きな筋肉だけでもお尻の「大殿筋《だいでんきん》」、腿前の「大腿四頭筋《だいたいしとうきん》」、腿裏の「ハムストリングス」、ふくらはぎの「下腿三頭筋」など下半身の大半の筋肉が参加します。

筋トレにおいては、一つのエクササイズに対して一つの関節だけを動かし、参加する筋肉を極力減らすほうが効果的といえます。**狙った筋肉にかかる負荷が大きく、それだけ筋肉が効率良く肥大しやすくなる**からです。

このような動きを「単関節エクササイズ」、反対にスクワットのように多くの関節や筋肉を使う動きを「多関節エクササイズ」と呼んでいます。

この2つの違いは、例えばこういったことです。

10人がかりであれば非常に重い荷物を持てますが、一人ひとりの負担は少なくてすみ、誰かが力を抜いても全体にはあまり影響はありません。逆に誰か一人だけ全力で過剰な力を出してしまうと、バランスが取れなくなってしまうでしょう。人数が多い場合は、互いに協調することに重きが置かれます。

一方、2人では10人で持ち上げるほど重い荷物は持てませんが、2人とも力を抜かずに頑張らないと荷物は支えられず、一人ひとりの負担は大きくなります。反面、2人なら強調するのは簡単です。

これと同様のことがエクササイズでもいえるのです。

スクワットのように複数の関節が関わり、たくさんの筋肉が参加すれば、重い重りは持ち上がります。しかし、それらの筋肉の協調が優先され、一つ一つの筋肉が十分な力を出しきれず、筋肥大をしにくくなります。

逆に**一つの関節だけを動かして、少ない筋肉が参加する単関節エクササイズでは、持つ重りは軽くなります。しかし、それぞれの筋肉が大きな力を出しているので、筋肥大しやすくなるのです。**

多関節エクササイズがダメ、というわけではありませんが程良い筋肉をつけ、体脂肪を減らして細マッチョを目指すなら、行うべきは筋肥大。ですから、多関節エクササイズではなく、単関節エクササイズを選択すべき、ということです。

スポーツクラブのマシンには単関節エクササイズが多いのですが、一般的に行われている自体重筋トレはスクワットに限らず、腕立て伏せも、腹筋運動も大部分が多関節エクササイズです。

そこで、本書で紹介する「部位別 自体重筋トレプログラム」では、それらを可能な限り単関節エクササイズにアレンジした形で紹介しました。

例えば134ページの「ニー・エクステンション」というエクササイズはスクワットと同じく下半身の筋トレですが、ヒザだけを伸ばす単関節エクササイズなのでヒザを伸ばす動きをする「大腿四頭筋」が効率良く鍛えられます。

せっかく単関節エクササイズを選択しても、他の筋肉を使って行ったのでは、鍛えたい筋肉である主働筋にかかる負荷が減少してしまいます。主働筋だけに荷物を持たせるように、使うべき関節以外は動かさず、他の筋肉を使わないようにしましょう。

スポーツが苦手な人ほど、筋肉が育ちやすい理由

学生時代に運動部に所属していた方は、部の仲間を思い浮かべてみてください。みな同じように腕立て伏せや腹筋運動、あるいはダンベルやバーベルを使った筋トレをしていたと思いますが、その効果の出方に差がなかったでしょうか？

同じメニューで同じ重さで同じ回数の筋トレをしても、筋肉がつきやすい人と、つきにくい人がいたはずです。

そしておそらく、前者はその競技が苦手で、後者はその競技で優れた選手ではなかったでしょうか？

意外かもしれませんが、**筋トレで筋肉がつきやすい人はスポーツが苦手な人が多いのです。**実際ムキムキの筋肉をしたボディービルダーは、スポーツの経験が少ないか、スポーツが苦手な人が多いのです。そして、ここに効率良い筋トレの大きなヒントがあります。

私たちはスポーツで走ったり投げたり、泳いだりするとき、カラダの一部の筋肉ではなく、何十、何百という筋肉を使います。しかも、それらの筋肉は同時に力を出すのではなく、それぞれが適切なタイミングで適切な力を発揮します。

腕を使うゴルフスイングや野球のピッチングでは、カラダ全体では「下肢→体幹部→上肢」の順番で、さらに上肢では「肩→ヒジ→手首」の順番で、下から上へ、中心から末端へと、いくつもの筋肉が流れるように連携して収縮していきます。

基本的に筋肉は、下にあるほど、中心にあるほど大きく強い力が出るので、大きな筋肉でエネルギーを生み出し、これを上、末端へと伝えて最終的にクラブやボールを高速で動かします。

これは3段ロケットで最も大きなエネルギーを生む下のエンジンが噴射した後、切り離されて、2段目、1段目と次々連携しながらロケットを加速していくのと似ています。ゴルフや野球に限らず、スポーツで求められるのは、このようにカラダを合理的に動かすことなのです。

しかし、筋トレをこのような合理的な動きでやるとどうでしょう？

じつは鍛えたい筋肉である「主働筋」以外の筋肉も使ってしまうことになり、同じ重りを持っても、筋肉にかかる抵抗の大きさが分散し、主働筋にかかる抵抗が少なくなります。

当然その結果、筋肉の肥大と筋力アップは起こりにくくなります。これがスポーツのうまい人ほど筋トレの効果が現れにくい理由です。

反対にスポーツが苦手な人は無意識のうちに主働筋だけを使った非合理的な動き、簡単にいえばぎこちない動きになるので、筋トレの効果が出やすくなります。

主働筋だけを使った非合理的な動きで筋トレをする方法を「ストリクト法」、反対に主働筋以外の筋肉も使い、合理的な動きで筋トレをする方法を「チーティング法」といいますが、**筋肥大、筋力アップを目的に筋トレをする場合は、ストリクト法が効果的。**

スポーツをしていた人、特にうまかった人が筋トレをすると無意識のうちにカラダが合理的な動きをして、主働筋の負担が減りやすいので意識してストリクト法で行い、あえてぎこちない動きを心がけましょう。

ストリクト法とチーティング法の違いとは

●ストリクト法

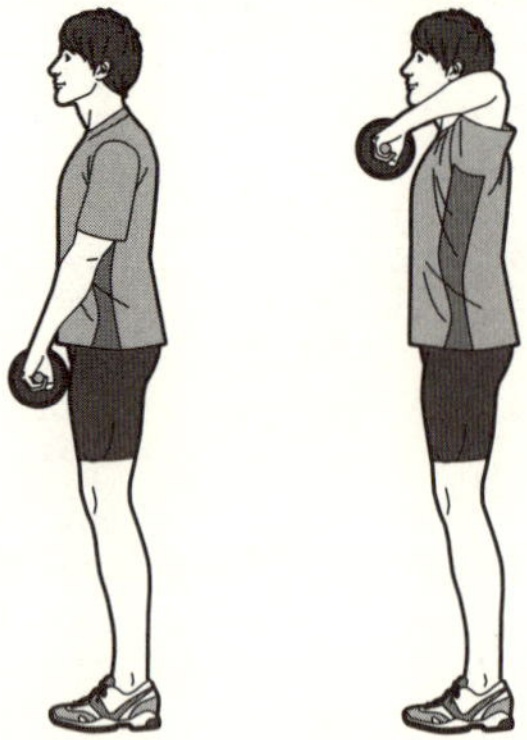

鍛えたい筋肉である主働筋だけを使い、非合理的な動きで筋トレをする方法。下半身は動かさず、腕の力だけで重りを持ち上げている。

●チーティング法

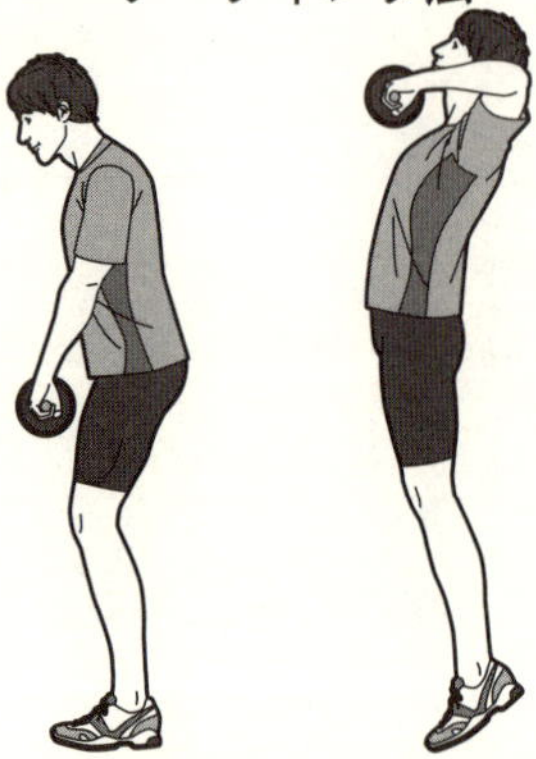

主働筋以外の筋肉も使い、合理的な動きで筋トレをする方法。上体をやや前傾させ、反らしながら勢いよくダンベルを持ち上げる。この時、全身の筋肉が連携しながら働いている。

重りを上げて〝下ろす〟ときが鍛えどき

フィットネスクラブで筋トレをしているとき、マシンの重りとなるプレートを一番下まで着けたり、腹筋運動で頭や肩を床まで着けたりすると、トレーナーから「筋肉の緊張が解けて効果が半減するので、重りを下ろしきらないでください」と言われます。

たしかに筋肉は抵抗に逆らうことで疲労し、次に同じ抵抗を受けても疲労しないように、疲労を受けないようにグレードアップするわけですから、休み休み行うと疲労しにくく、効果にも多少影響するでしょう。

とはいえ、ほんの一瞬重りを下ろしきる程度であれば、筋肉を太くするといった見た目に現れる効果の差はほとんどありません。**重りを下ろしきってはいけない最大の理由は「ケガの予防」と「動作の改善」に関係があります。**

まずケガの予防について。

皆さんの周りで、顔を洗おうと前屈みになった時に腰の筋肉を痛めた、転びそうになって足を踏ん張った時にアキレス腱が切れた、という方はいませんか？

悲しいかな、こういった簡単な動きでも、30代以降になるとケガをしやすくなります。その大きな原因が筋肉の衰えなのですが、ならば！　と筋肉を鍛えてもケガの予防につながるとは限りません。

65ページでお話ししたとおり、筋肉の収縮の仕方には、重りを上げるために縮みながら力を出す「コンセントリックな収縮」と、重りを下ろすために伸びながら力を出す「エキセントリックな収縮」があります。そして筋肉や腱のケガは、筋肉が重りに引っ張られるエキセントリックな収縮をする時に起こります。

前述のような前屈みになる時は腰の筋肉が、足を踏ん張る時にはアキレス腱につながるふくらはぎの筋肉が、それぞれエキセントリックな収縮をするのでケガをしやすいわけです。

自体重でもマシンでも、重りを下ろすときに力を抜いて、重力に任せてドンと下ろしきると、筋肉はエキセントリックな収縮をほとんどしなくなるので、ケガを予防する能力がつきません。

もう一つの動きの改善についてはどうでしょう。

日常の動作でもスポーツ中の動作でも、筋肉はコンセントリックな収縮とエキセントリックな収縮の両方をしますが、前者はカラダやその一部を加速する働きがあり、後者は減速する働きがあります。

例えばゴルフでは、後足で地面を蹴ってカラダを前に加速した後、前足で踏ん張ってカラダを急激に減速させます。カラダを急激に止めると、前に動いた時につくり出したエネルギーが体幹へと伝わって強い腰の捻りが生まれるのです。

ゴルフで「壁が重要」という表現をよく使いますが、これは前足でしっかり減速する、つまり前足側の筋肉がエキセントリックな収縮をすることの重要さを表したものです。

また、サッカーやバスケットボールのように前後左右に素早く動作を切り替える時、カラダは急激な加速と急激な減速を繰り返します。この時にエキセントリックな収縮をしっかり行っておくと、急激に減速をかけることができるようになるので、動作を切り替える能力も向上します。

本書で紹介したプログラムを行う際も、エキセントリックな収縮をしっかり行えるように、カラダをゆっくり下げ、床などに下ろしきらないように行ってください。

ダンベルを速く動かすほどにソンしている！

筋トレの種目を行う時、フォームと同じく呼吸と動作速度も重要です。ただ単に重い荷物を一回持ち上げるなら息を止めた方が良いでしょう。腕立て伏せの回数を競うのであれば、速く動いた方が良いでしょう。

しかし、筋トレで求められるのは、しっかり筋肉を使って筋肉を太く強くすること。カラダのしくみに合わせた呼吸と動作速度を知れば、より効果的に筋トレを行うことができます。

まずは筋トレ中の呼吸について考えてみましょう。

重りを上げる時に息を吐いて、重りを下ろす時に息を吸う。この呼吸法が基本になりますが、それにはこんな理由があります。

65ページにもあるように、筋トレ中の筋肉の収縮の仕方には、重りを持ち上げる時に筋肉が短くなりながら力を発揮する「コンセントリックな収縮」と、重りを下ろす時に伸びながら力を発揮する「エキセントリックな収縮」があるとお話ししました。

筋トレ中、強い力を出せるエキセントリックな収縮をする時には余裕があり、力の弱いコンセントリックな収縮をする時の方がつらいのです。

私たちは息を止めた時に、最も強い力を出すことができます。これを「バルサルバ効果」と呼びますが、同時に急激な血圧の上昇を招いて危険なので、筋トレ中に息を止めるのは避けるべきです。

次に強い力が出るのは息を吐く時。力を出そうとする時に思わず掛け声を出してしまうのはこのためです。そして、最も力を出しにくい状態なのが息を吸う時です。

こういった筋肉の収縮と呼吸の関係を掛け合わせることで、筋トレ中の呼吸が決まってきます。

主働筋がコンセントリックな収縮をしながら重りを上げる時には、力が弱いので、息

を吐くことによって力を出しやすくします。

反対に主働筋がエキセントリックな収縮をしながら重りを下ろす時には余裕があるので、息を吸うことができます。**吐きながら上げ、吸いながら下ろす**、これでバランスが取れるのです。

今度は速度と力の関係について説明します。

同じ重さを持ち上げる場合、ゆっくり行うより、速く行う方がラクに感じます。これは高速で行うとウエイトが加速され続けるので、勢いがつくからです。逆にゆっくり重りを上げる時には、勢いがないので重く感じます。

これを先程の呼吸と同様、筋肉の収縮と掛け合わせることで、筋トレ中の動きの速度が決まります。

重りを持ち上げる時は力が比較的弱いので、やや速く行って勢いを借ります。反対に重りを下ろす時は余裕があるので、ゆっくりと動くことができます。1〜2秒かけて上げ、下ろす時は倍の2〜4秒かけて行うと、動作中ずっと筋肉に程良い負荷をかけることができます。

腕のエクササイズなど、動きの小さいエクササイズは1秒で上げて2秒で下ろす、脚のエクササイズなど動きの大きいエクササイズは2秒で上げて4秒で下ろすぐらいが目安です。**下ろす時は上げる時の2倍の時間をかけると**覚えておいてください。

＜効果が上がる呼吸法と運動速度＞

・重りを上げるとき……息を吐きながら、1～2秒で持ち上げる
・重りを下すとき………息を吸いながら、2～4秒で下げる

やりすぎは絶対禁止！　細マッチョは「がんばらない」

1章でお話したように、筋トレはやればやるほど、つらいほど効果が出る、というわけではありません。病気を治す薬に用量用法があって、それを外すと治療効果が薄れるばかりか、かえって副作用でカラダにマイナスになってしまうように、筋トレでも最適な質と量、つまり強度、回数、インターバル、頻度などを外れてしまうと、効果が出にくくなったり、ケガをしやすくなったりします。

また、目的に合った筋トレを行わないと、得たい効果が得られなくなるでしょう。

重量や回数については1章の17ページでお話していますが、重要なことですので復習を兼ねながら、重量、回数、セット数、インターバルについてまとめてお話します。

まず**基本的な重量は6~10回上げ下げできて、あと2回上げられる余力を残せる重さが理想**です。あと2回の余力を残して6回上げ下げできる重さ、10回上げ下げできる重さは、それぞれ最大に挙上できる重さの80%と70%の重さです。

回数も限界まで上げる必要はありません。**8回持ち上げられるところを6回、12回上げることができるところを10回に抑えておきます。**

本書で紹介する「部位別 自体重筋トレプログラム」では、91ページで行った筋力チェックの結果に合わせて、3つのレベルでそれぞれ6~10回上げ下げできるように配慮してフォームを決めています。これを筋線維すべてが使われるように3セット行いましょう。

セットとセットの間、種目と種目の間のインターバルは**30秒～1分程度**と短めに。

1セット筋肉が動いた後には回復する時間が必要ですが、筋肉が完全に回復しきらない状態で続けた方が、筋肉の合成を促す成長ホルモンの分泌が盛んになると考えられているからです。

下半身→上半身→体幹…鍛える順番にかくされた秘密

筋トレは上下、前後、左右とも、全身バランスよく行うことで、安全かつ効率よくカラダを鍛えることができますが、ここで気になるのが、筋トレはどの部位から順番にやればいいのかということです。

細マッチョを目指すためには、6～10種類の程度のエクササイズが必要ですが、どの順番で行うかで、少なからず効果は変わって来ます。

最も効率が高いのは「下半身の種目→上半身の種目→体幹」の順番で行う方法。理由は筋肉の大きさに関係があります。

筋トレの部位別エクササイズとしては大きく、腕立て伏せなどの「上半身（上肢）のエクササイズ」、腹筋運動などの「体幹のエクササイズ」、スクワットなどの「下半身（下肢）のエクササイズ」の3つに分けることができます。

この中で**下半身の筋肉が最も大きく、エクササイズ中にたくさんのエネルギーを要するので、エネルギーが最もカラダに充足している最初にやると効率が良い**のです。

「腹筋」や「背筋」は姿勢を維持するためにも働く筋肉で、上半身や下半身、どのエクササイズをしている時も正しい姿勢をキープするために使われます。

例えば腕立て伏せをする時には、体が反ってお腹が床につかないように「腹直筋」が働きますが、もし先に腹筋運動をやって、お腹の筋肉が疲れた状態で行うと、お腹が落ちて上体が反ったまま腕を伸ばすことになるでしょう。

この体勢では胸以外の背中の筋肉も使ってしまうため、負荷が分散し、胸に効かなくなってしまいます。**体幹の筋トレを先にやってしまうと、上半身や下半身の筋トレの姿勢が正しくキープできず、効果が出にくくなるため、**体幹は最後に行うのです。

これらをまとめると、たくさんエネルギーを使う下半身の筋トレを最初に、姿勢を保つために使う体幹を最後にやり、上半身を間に挟む。つまり「下半身→上半身→体幹」の順番で筋トレをすると良いことがわかるでしょう。

また、同じ部位別のトレーニングであっても、大きな筋肉である「大筋群」を使う種目と小さな筋肉、「小筋群」を使う種目があります。

例えば胸の「大胸筋《だいきょうきん》」や背中の「広背筋《こうはいきん》」は大筋群、腕の「上腕二頭筋《じょうわんにとうきん》」や「上腕三頭筋」は小筋群です。大筋群の方が強い力を出し、動きも大きいので多くのエネルギーを要します。このため大筋群を先にやり、小筋群を後で行う方が効率良くできます。ただの順番にも、このようにちゃんとした理由があるのです。

最後に自宅筋トレのポイントを整理しておきます。

1. 自分の体重を使った「自体重トレーニング」を行う
2. 重りなどの抵抗に逆らい、筋肉にあえて非合理的な動きをさせる
3. 一つのエクササイズに参加する筋肉をしぼりこむ

4. 重りを下ろしきらずに、筋肉の緊張を保つ
5. 上げる時に吐き、下ろす時に吸う
6. 重りは1~2秒かけて上げ、2~4秒かけて下ろす
7. 下半身→上半身→体幹の種目の順番で行う

筋トレのウソ？ ホント？

筋トレをすると背が伸びなくなる？

「筋トレをすると背が伸びなくなる」「背が縮む」とはよく言われることですが、これは体操選手やボディービルダーのイメージからつくられた迷信に過ぎません。

彼らに身長が低い人が多いのはたしかです。というのも、カラダを回転させる体操では身長が低い方が有利で、身長が高い人は競技成績が上がらず、辞めてしまうケースが多いからです。

またボディービルダーは筋トレを始めてから身長が止まったわけではありません。

筋トレをすると、成長ホルモンの分泌が盛んになるので、むしろ骨の成長、つまり身長を伸ばすためにも良い影響があります。

実際、欧米では中学校でも筋トレの設備が充実し、早い子どもは小学生から筋トレを行っています。

だからといって成長が止まることなどなく、ご承知の通り、欧米人は高身長です。

身長と最も関わりが大きいのは栄養です。戦後、日本人の身長が10㎝も伸びたのは、何よりも食生活が豊かになったからにほかならないのです。

身長を伸ばすには、まずはしっかりと食べること。エネルギーが充足していてはじめて、摂取した栄養が成長の方に回るからです。

また、成長ホルモンは睡眠中に最も多く分泌され、骨や筋肉の成長を促します。

みなさんの中で成長期のお子さんがいる方は、お子さんに遅くまでテレビを見ていたり、ゲームをしたりさせず、遅くとも23時には寝て、7時間はグッスリと眠ることをおすすめします。

第4章
人に見せたいカラダになる、部位別筋トレ10種目
—どんなメニューもこうすればしっかり筋肉に効く！—

部位別筋トレは〝全身〟行ってこそ効果がある

では、いよいよ筋トレを開始しましょう。

前述のように、理想的な細マッチョになるためには、全身の大きなアウターマッスルを上下・前後・左右・まんべんなく鍛えることですが、今回私が提案するのは、最少の努力で最大効果を得るプログラムです。

部位別筋トレの書籍は世の中にたくさんありますが、本書がそれらと決定的に違うのは、**部位別筋トレの方法であるにもかかわらず、特定の部分だけ選んで筋トレを行わないこと。「全身まんべんなく部位別筋トレを行う」**ことを推奨しているところです。

これは繰り返しになりますが、お腹の筋肉だけを鍛えてもお腹の脂肪は減らず、お尻の筋肉を鍛えてもお尻の筋肉は引き締まらないからです。

仮に腹筋運動を1時間やっても、消費されるのは全身の脂肪。特定の部位を鍛えればそこの脂肪が減るとか、そこの筋肉が引き締まるといった大誤解は捨て去りましょう。**あえて特定部位の筋トレを重点的に行って意味があるとすれば、「自分は特にここの部分を太くしたい」といった場合**です。

筋トレの目的はあくまでも全体的に行って、基礎代謝量を上げることにあります。全身の筋肉をバランス良くやることで、ピーク時の20歳の頃の適度な筋肉が戻り、体脂肪だけが減り、その結果としてお腹が凹み、お尻が引き締まるのです。

始めて１〜２か月のトレーニング導入期間は、往々にして張り切ってオーバートレーニングになりがちです。週に１〜２回から始めて「まだまだできる」という質と量に留めて、トレーニングを習慣化することを第一に考えましょう。

筋トレの記録を日記のようにつけると達成感がより自覚しやすいとともに、トレーニング内容と目標達成の進捗度合いを見て、プログラムを微調整する目安にもなります。ブログで公開し、情報交換をしても良いでしょう。

素晴らしい山頂の眺めを想像しながら登山するように、３か月後、半年後、１年後の新しい自分をイメージしながら取り組みましょう。

これが最も効率的な部位別自体重筋トレだ

ここからは、具体的な部位別トレーニングのやり方を解説します。

考え方としては、以下のエクササイズのうち6～10種類を各6～10回×3セット、週2～3回（導入期間の1～2か月は1回でも可）行います。そしてとくに**太くしたい部分があれば、その部位を鍛えるエクササイズを1～2セット多めにやる**ということです。

＜部位別　自体重筋トレのガイドライン＞

種目は全身バランスよく行います。初期の2週間は6種類から始め、継続期間に合わせて8種類、10種類と増やしていきましょう。

エクササイズ名の前にある番号は、行う順番もかねています。10種目行う場合は1から10の順番で、6種類、8種目の場合は番号が早い順から行いましょう。6種目、8種目の際に選ぶべきエクササイズと順番は（　）内に表示しました。

・最初の2週間・・・6種目（1→2→4→5→9→10）

・2週間から・・・8種目（1→2→3→4→5→6→9→10）
・5週目以降・・・10種目（1→2→3→4→5→6→7→8→9→10）

右記はあくまでも目安です。筋力に余裕があって、疲労がなければ、早めに種目を増やして構いません。特に鍛えたい部位があれば、そこは1～2セット多めに行いましょう。

＜負荷や回数のポイント＞

・負荷について：

筋力レベル2の方に適切となるようなエクササイズの他に、レベル別の負荷調整の方法も示しています。92ページにある筋力チェックの結果を参考に、自分の筋力レベルに合わせて行ってください。負荷が軽く感じられるようになったら、レベルを上げましょう。

・回数について：

あと2回できる余裕を残して、6回～10回の範囲で行います。まずは6回から始め、徐々に回数を増やしましょう。

・セット数について：
3セット行います。どうしても3セットがつらく感じたら、1セットから始めても構いませんが、これも徐々に回数を増やしましょう。

・インターバルについて：
種目と種目の間は30秒～1分休みます。筋肉に強い疲れを感じたら2～3分とっても構いません。インターバルが4～5分必要なら負荷が強すぎるということです。負荷を下げるか、回数を減らして行いましょう。

・トレーニング頻度について：
週に2～3回で十分です。筋トレをしたら次に行うまで2日間空けましょう。筋肉痛や疲労が残っている場合は3日間空けても構いません。

腿前《ももまえ》のエクササイズ

ニー・エクステンション
(knee extension)

●効果のある部位(主働筋)
大腿前部(大腿四頭筋《だいたいしとうきん》)

●準備姿勢(写真上)
ヒザ下にクッションを敷き、つま先を立てて踵に尻を乗せて正座する。
上半身を真っ直ぐに伸ばして床に対してやや後方に傾ける。
手を胸の前でクロスし、視線を前に向ける。

●動きのポイント
- 動作中、終始上体と床の角度を保つ。特に起き上がる際に、上半身を前傾させず行う。
- ヒザを曲げるとヒザに痛みや違和感がある場合は、腿裏とふくらはぎの間にクッションを入れる。

●レベル別　負荷調節の方法
- レベル3…片足を前に出し、片足で行う。
- レベル1…上半身を前傾させて行う。

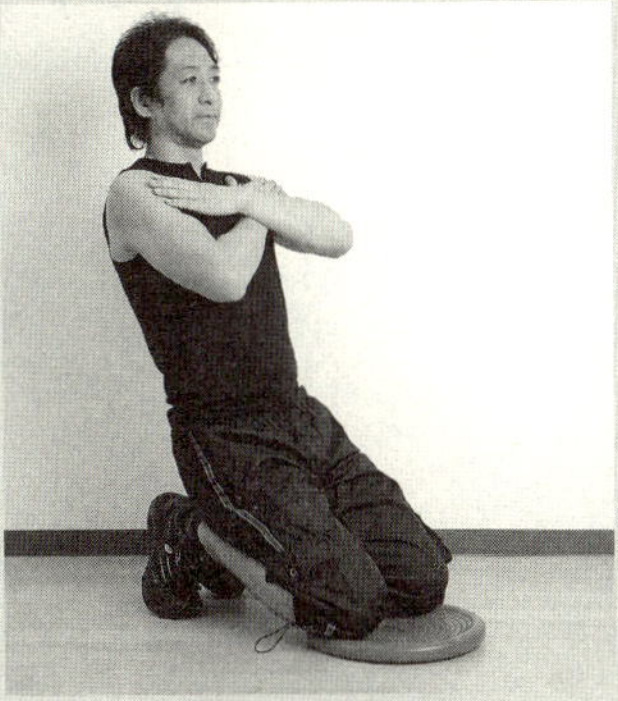

息を吸いながら2（～4）秒で、同様に背筋を伸ばし、上体と床の角度を保ったままヒザを曲げて元の姿勢に戻る。

息を吐きながら1（～2）秒で、ヒザから頭までが一直線になるまでヒザを伸ばす。

お尻と腿裏《ももうら》のエクササイズ

ヒップ・リフト
(hip lift)

●効果のある部位(主働筋)
殿部《でんぶ》(大殿筋)/腿裏(ハムストリングス)

●準備姿勢(写真上)
床に仰向けに寝る。
足を軽く開いてヒザを90度に曲げて立て、一方の足首を他方のヒザ上に乗せる。
腕はバランスを取るためにハの字に開く。

●動きのポイント
- 腰を反らして上げないように注意する。
- 体を捻らないようにしっかり腕でバランスを取る。

●レベル別　負荷調節の方法
- レベル3…椅子の座面に片足を乗せて行う。
- レベル1…椅子の座面に両足を乗せて行う。

息を吸いながら2（〜4）秒で、背筋を伸ばしたまま、お尻が床に触れるまで下ろす。

息を吐きながら1（〜2）秒で、肩ー股関節ーヒザまでが一直線になるまでお尻を上げる。

ふくらはぎのエクササイズ

ヒール・レイズ

(heel raise)

●効果のある部位(主働筋)

下腿(腓腹筋、ヒラメ筋)

●準備姿勢(写真上)

机また椅子の背もたれにヒジを伸ばして手を置く。
大股一歩分離れ、腕を伸ばしたままお尻から足まで真っ直ぐに伸ばす。
一方の足首を他方の足首にかける。

●動きのポイント

- 動作中、終始腕とヒザを伸ばしておく。
- 床を蹴る反動を使わない。

●レベル別　負荷調節の方法

- レベル3…壁に手をつき真っ直ぐに立ち、片側のつま先を10cm程度の台に乗せて行う。
- レベル1…椅子に寄りかかり、両足で行う。

息を吸いながら2（〜4）秒で、ヒザを伸ばしたまま踵が床に触れるまで体を下ろす。

息を吐きながら1（〜2）秒で、できる限り高く踵を上げる。

胸のエクササイズ

プッシュ・アップ

(push up)

●効果のある部位(主働筋)

胸(大胸筋《だいきょうきん》)/肩(三角筋)/上腕(上腕三頭筋《じょうわんさんとうきん》)など

●準備姿勢(写真上)

両手と片ヒザを床に着いて、四つん這いの姿勢になる。
手を肩幅(40~50cm程度)の1.5倍強開いて腕を伸ばす。両脚を後ろに下げてつま先を床に着き、足から肩までを真っ直ぐに伸ばす。

●動きのポイント

- 動作中、肩甲骨をできる限り寄せた状態を保つと胸に効く。
- 動作中、頭から足までを一直線に保つ。
- 指先を広げ、45度外側に向けると、手首の負担が軽減し、かつ滑りにくい。

●レベル別　負荷調節の方法

- レベル3…手の肩幅の2倍に広げて行う。
- レベル1…ヒザを着いたまま行う。

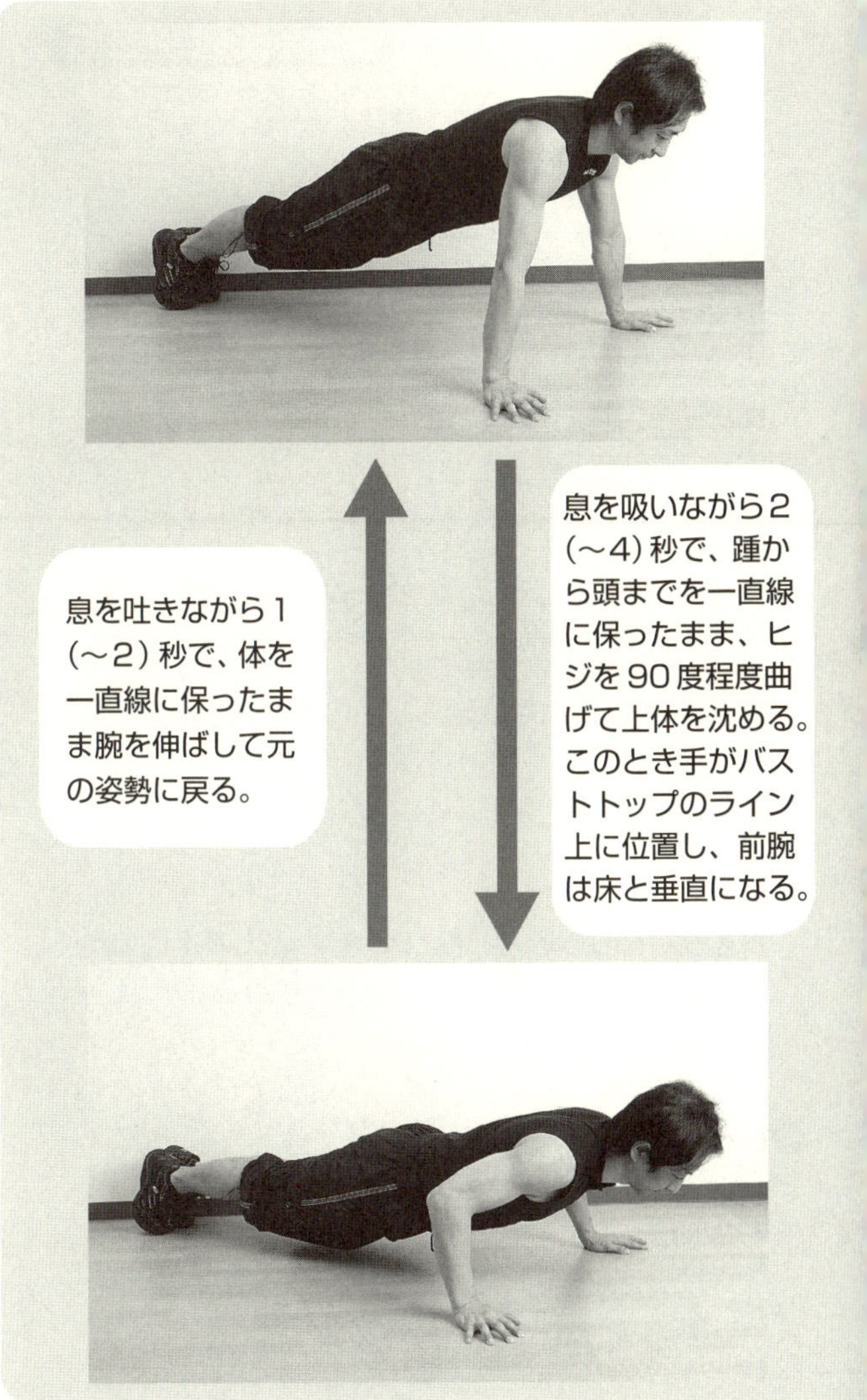
息を吸いながら2（〜4）秒で、踵から頭までを一直線に保ったまま、ヒジを90度程度曲げて上体を沈める。このとき手がバストトップのライン上に位置し、前腕は床と垂直になる。
息を吐きながら1（〜2）秒で、体を一直線に保ったまま腕を伸ばして元の姿勢に戻る。

背中のエクササイズ
ディップス
(dips)

●効果のある部位(主働筋)
上背(広背筋《こうはいきん》)/上腕(上腕三頭筋《じょうわんさんとうきん》など)

●準備姿勢(写真上)
2つのイスの背もたれを向かい合わせにして置き、1mほど離す。
両手でそれぞれ背もたれを握って腕を伸ばし、両足を揃えて前方に置く。
肩を落として背筋を伸ばす。
手が痛い場合は、手と背もたれの間にタオルを入れる。

●動きのポイント
- 可能な限り脚の力を使わず、背中の力で上下に動く。
- ヒジを大きく外に張りながら腕を曲げる。

●レベル別　負荷調節の方法
- レベル3…イスをさらに20cmほど離して置く。
- レベル1…両足を手前に引いてお尻の真下に置く。

息を吐きながら1（〜2）秒で、肩を落としながら元の姿勢に戻る。

息を吸いながら2（〜4）秒で、肩をすくめながらヒジが90度に曲がるまでカラダを沈める。

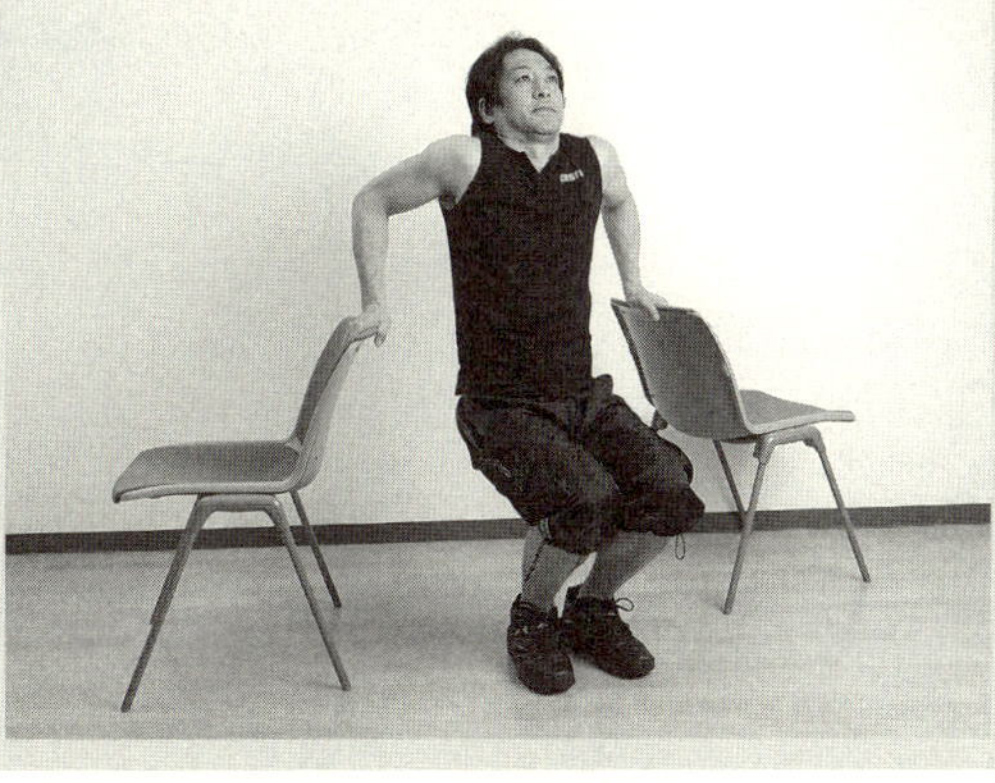

肩のエクササイズ

ショルダー・プレス

（shoulder press）

●効果のある部位（主働筋）

肩部（三角筋、僧帽筋）

●準備姿勢（写真上）

安定した机から大股一歩分離れて立つ。

腕を伸ばし、手を肩幅の 1.5倍に大きく開いて机の端に置く。

お尻を突き出して上体が床と水平になる手前まで前傾させたら、前の足を戻して揃える。

●動きのポイント

- ひじが上に上がり過ぎないように注意。
- 肩関節がゆるい人、脱臼の経験がある人は行わない。

●レベル別　負荷調節の方法

- レベル3…2脚のイスの座面に手を置いて行う。
- レベル1…片足を半歩前に出して行う。

息を吐きながら１（〜２）秒で、同様に上体の角度を保ちながら机を押して元の姿勢に戻る。

息を吸いながら２（〜４）秒で、床に対する上体の角度を保ちながら顔が机の端にくるまでヒジを曲げる。

腕の裏側のエクササイズ

リバース・プッシュ・アップ

(reverse push up)

●効果のある部位(主働筋)

上腕後部(上腕三頭筋《じょうわんさんとうきん》)

●準備姿勢(写真上)

椅子の端にお尻を乗せ、腕を肩幅に開いて脇を締め、椅子の端を握る。
背筋を伸ばし、足を前に出してヒザは軽く曲げる。
脚の力を使わないようにするため、爪先を浮かせて足首を90度曲げる。

●動きのポイント

- できるだけ肩を上下させずに行う。
- ヒジが外に開かないように、脇を締めたまま行う。
- 足が前方に滑らないように注意する。

●レベル別　負荷調節の方法

- レベル3…前面に椅子を置き、その座面に足を乗せて行う。
- レベル1…ヒザを90度に曲げた状態から開始する。

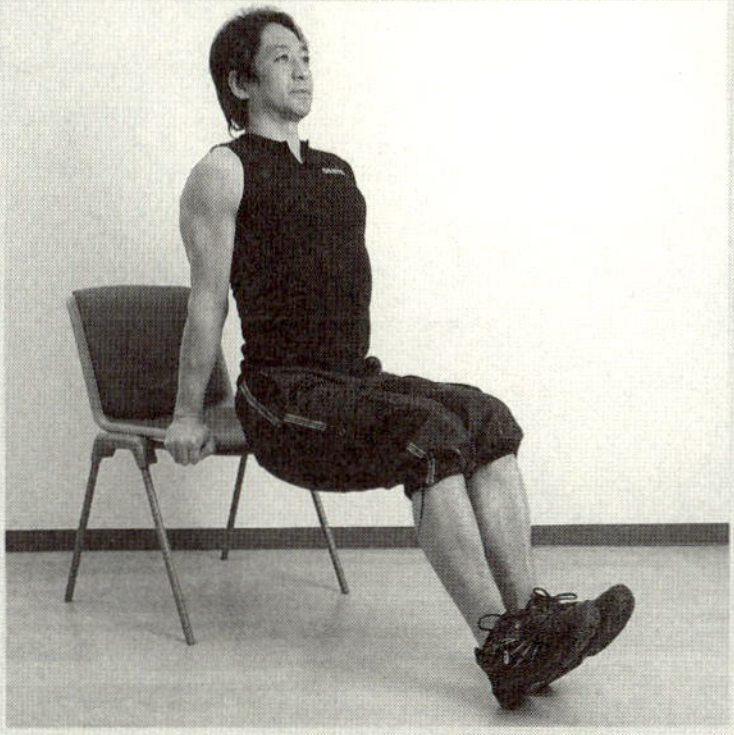

息を吐きながら1（～2）秒で、同様に背中を座面から離さずにヒジを伸ばして元の姿勢に戻る。

息を吸いながら2（～4）秒で、上半身を真っ直ぐに保ったまま、背中を座面から離さずに、90 度程度までヒジを曲げて体を沈める。

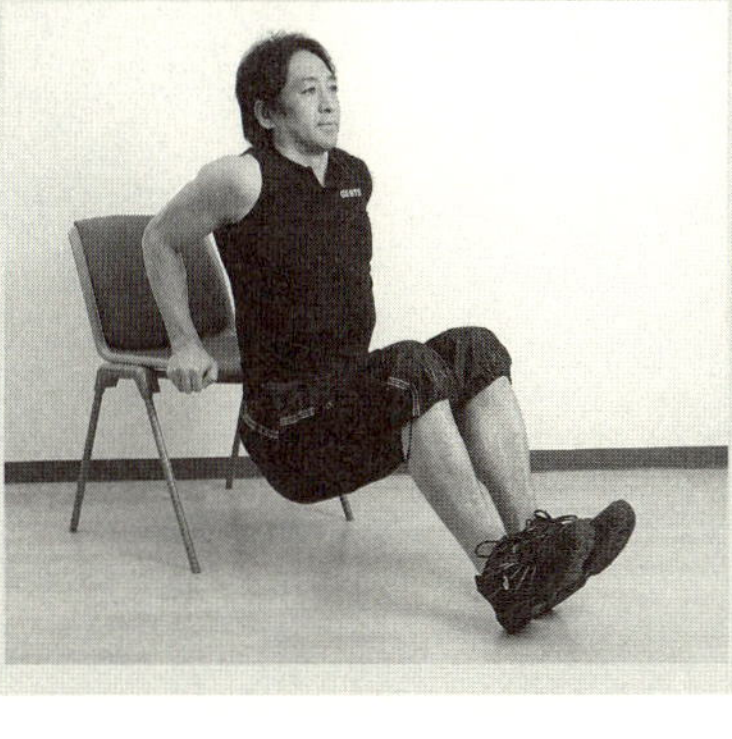

部位別 自体重筋トレ **8**

腕の前側のエクササイズ

アーム・カール

（arm　curl）

●効果のある部位（主働筋）

上腕前部（上腕二頭筋、上腕筋）

●準備姿勢（写真上）

あお向けに寝て椅子に脚を乗せ、ヒザ裏にタオルを回す。
ヒジを伸ばしてたるまないようにカラダを後方に下げる。手の甲は外側を向く。

●動きのポイント

- ヒジの位置はできるだけ動かさない。
- ヒジを外に出さない。

●レベル別　負荷調節の方法

- レベル3…片手でタオルを持ち、カラダを引き上げる。
- レベル1…頭と肩の下にクッションを置いて行う。

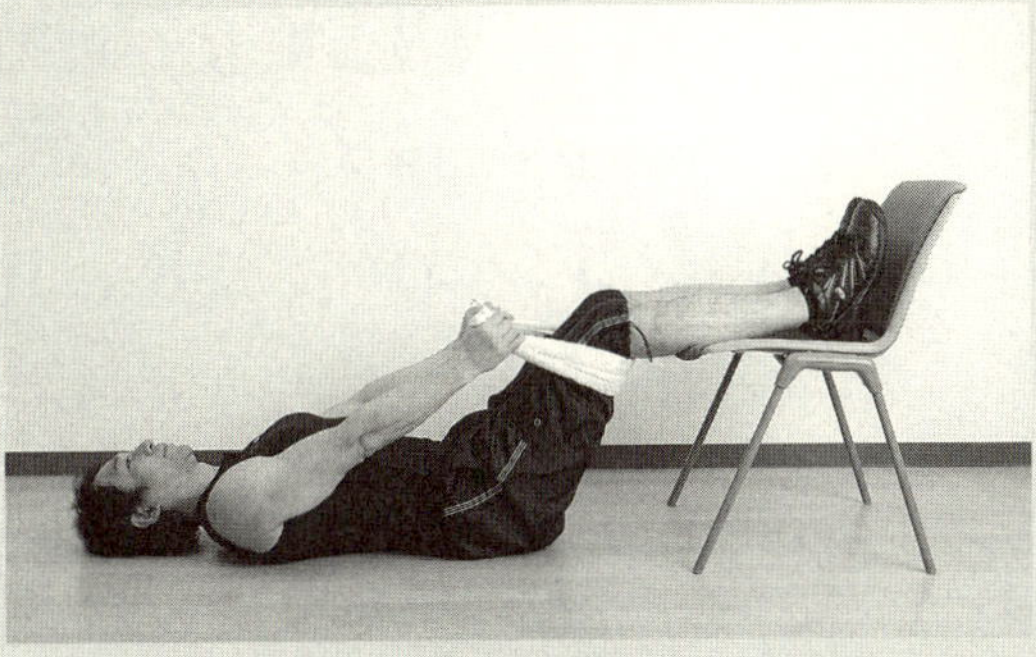

息を吸いながら2（～4）秒で、後頭部が床に軽く触れる位置までヒジを伸ばす。

息を吐きながら1（～2）秒で、ヒジを曲げてヘソから上の上体を引き上げる。

お腹のエクササイズ

クランチ
(crunch)

●効果のある部位(主働筋)
腹部(腹直筋《ふくちょくきん》、腹斜筋《ふくしゃきん》)

●準備姿勢(写真上)
あお向けに寝て椅子に脚を乗せ、ヒザと股関節を90度に曲げる。
両手を側頭部に置き指先で頭を支え、ヒジを閉じて、腕を平行にする。

●動きのポイント
- 準備姿勢で腰と床の間の隙間をなくしておく。
- 手は頭の重さを支えるのみで、位置(腕と上体の角度)は変えない。
- 動きの軸はヘソ。ヘソから下は動かさない。

●レベル別　負荷調節の方法
- レベル3…手を頭上に伸ばして行う。
- レベル1…タオルで頭を支える。

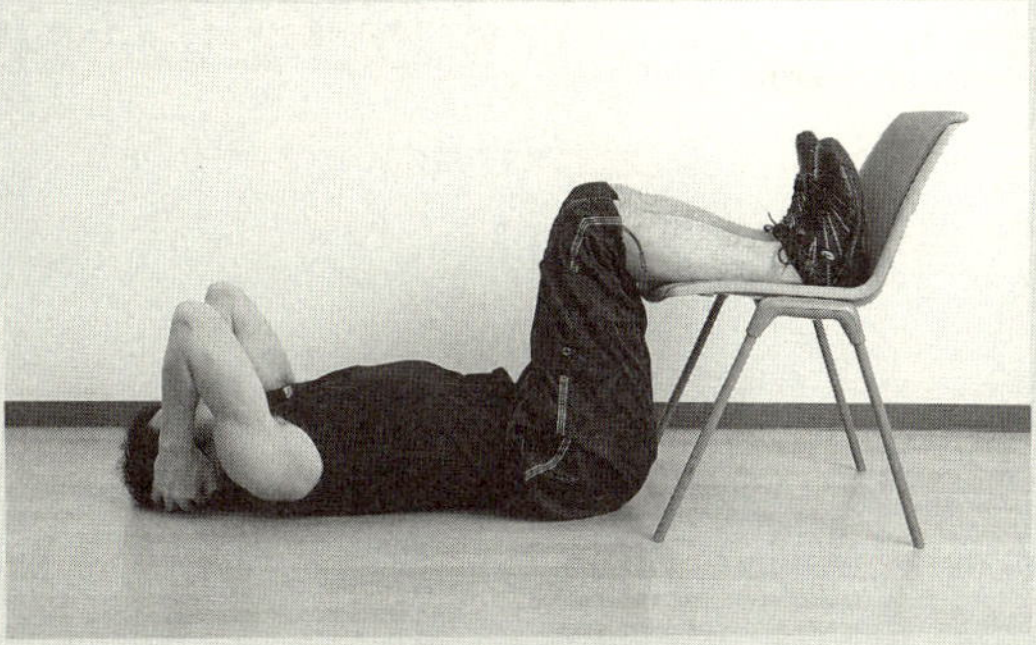

息を吸いながら2（～4）秒で、後頭部が床に軽く触れる位置まで上体を下ろす。

息を吐きながら1（～2）秒で、顎を引きながら背中を丸める。目線とヒジが太ももの中間の高さにくる。

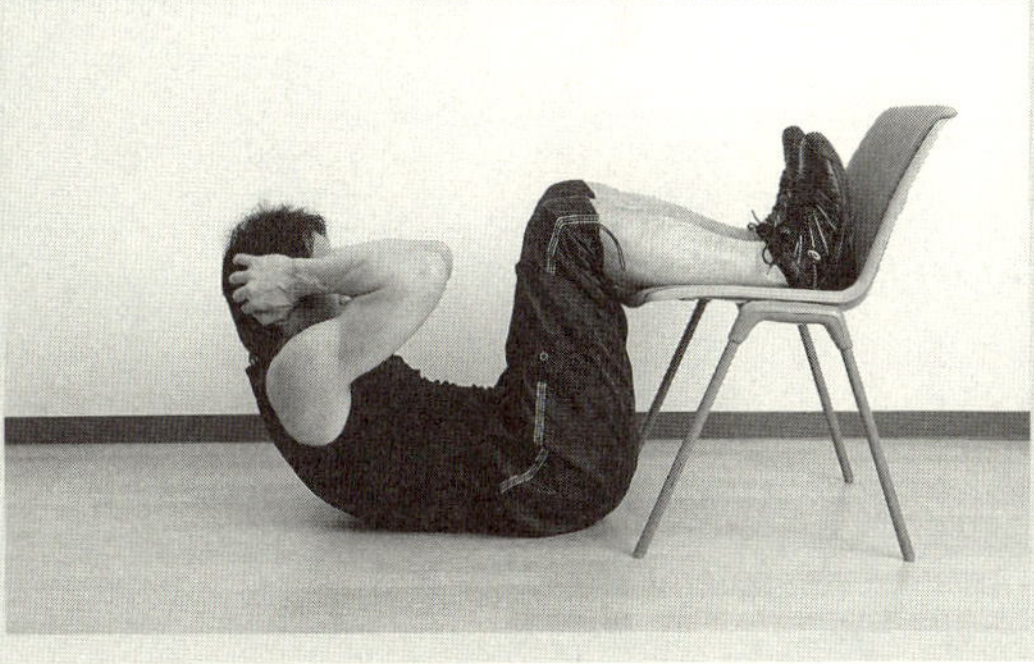

腰のエクササイズ

ロアー・バック
(lower back)

●効果のある部位(主働筋)

腰部(脊柱起立筋群《せきちゅうきりつきんぐん》)

●準備姿勢(写真上)

イスに浅く座って、足をヒザ位置よりも前方に出して踵を床に着け、つま先を浮かす。

お尻を後方に突き出すように上半身をまっすぐにし、床に対して60度ほど前傾する。両手を頭上に伸ばす。

●動きのポイント

- 動きの軸はヘソ。ヘソから下の股関節を動かさない。
- 動作中、腕と上半身の角度を変えずに行う。
- 過度に腰を反らさない。

●レベル別　負荷調節の方法

- レベル3…立って尻を壁に当てて行う。
- レベル1…手を胸の前で組んで行う。

息を吐きながら1（～2）秒で、同様にヘソを軸に胸を張り、元の姿勢に戻る。

息を吸いながら2（～4）秒で、顎を引きながらおへそを軸に背中を丸める。目線はヒザに。

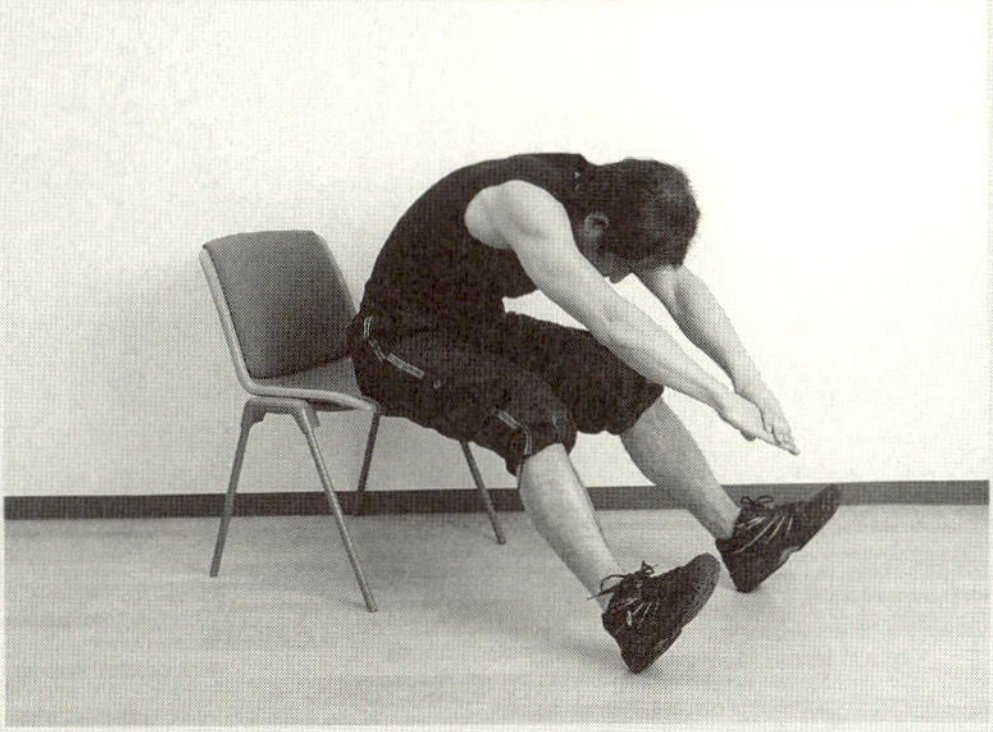

忙しいならこんな方法も！「1日4分・筋トレ時短術」

ビジネスマンが筋トレを始めるにあたって、ネックになるのが時間を捻出することでしょう。「筋トレはやらなきゃ」「筋トレをやりたい」と思っても、「忙しいから」と時間を理由に尻ごみしていませんか？

2～3時間もやる部活動のイメージが強いからか、筋トレも長時間もやらなきゃいけないと誤解している人が少なくありませんが、実際には意外に短いものです。じっくり10種目やってもせいぜい40分。もっと短縮すれば一日わずか4分でも十分効果を得ることができます。

3章に紹介した、1．1～2秒で挙げて2～3秒で下ろす、2．12回挙上できる重さで10回×3セット行う、3．インターバルは30秒～1分程度、の3つをポイントに計算してみましょう。

10回上げ下げすると平均4秒×10回＝1セット40秒、3セットで120秒＝2分。セット間と種目間のインターバルを含めて1種目でたったの4分です。基本の6種目なら24分、10種目を行うと40分かかる計算です。

筋トレ前のウォーミングアップは5分、クールダウンは10分あれば良いので、長くても1時間弱で終わります。

1時間なら、自宅トレーニングであれ、フィットネスクラブに通う場合であれ、忙しい人でも週2〜3回確保できるのではないでしょうか？

それでももっと短時間で行いたい、という方には2つの方法があります。

まず一つはインターバルを省略する方法。基本的には筋肉が回復するために1分のインターバルを取りますが、その間に違うトレーニングをするのです。

●スーパーセット法

胸の筋肉のトレーニングが終わったらすぐに背中の筋肉、お腹の後に腰、というように互いに**裏表の関係にある筋肉（拮抗筋）を続けて行い、その後にインターバルを取り**

ます。こうすればインターバルの時間は半分で済みます。

何も拮抗《きっこう》する筋肉でなくても、**上半身と下半身を組み合わせても良い**でしょう。これなら2種目を5分〈4分〈2分×2種目〉+インターバル1分〉で終えることができますから、6種目で15分、10種目でも25分です。

●スプリット法

月、木は下半身のエクササイズ、火、金は上半身のエクササイズ、水、土は体幹のエクササイズというように、**一日あたり2～3種目ずつに分けて行います。こうすれば1日に要する時間は8～12分（1種目4分、インターバル各1分）と大きく短縮されます。**

さらに「スプリット法」と「スーパーセット法」を組み合わせれば、**一日に必要な時間は2種目ずつ行って、たったの4分。ウォーミングアップに1分、クールダウンに3分かけても、トータル8分でできてしまうのです。**

ウォームアップとクールダウンは必要か？

これまで筋トレの方法について解説してきましたが、忙しくても見過ごして欲しくないのが、ウォームアップとクールダウンです。ケガを防ぐのはもちろん、筋トレの効果を間違いなく高めてくれるからです。

スポーツではケガを防ぐため、またパフォーマンスを上げるために20〜30分間入念なウォームアップを行い、そして練習後は疲労回復を促すために、やはり、30分間はじっくりクールダウンをする必要があります。

筋トレでもウォームアップ、クールダウンともに必要なのは間違いありません。ただし、筋トレはスポーツほど複雑に激しく動くわけではなく、時間が短く消費するエネルギーも少ないので、かなりシンプルです。

10種目の筋トレを行う場合でもウォームアップは5分程度、クールダウンは10分程度で十分です。一日２種目行うスプリット法（P１５６）であれば、アップに１分間、ダウンに3分間で構いません。

ウォームアップの役割は、心身を平常状態から運動可能な状態へと切替えること。運動の効率を上げて、ケガや筋肉痛を予防します。

まず立ったままの静的ストレッチ（P160）を5～8秒程度と手短に行い、どんどん次の動きに移って1分間程度行いましょう。次にラジオ体操のように腕や脚を曲げ伸ばしする動的ストレッチ（P161）を2分間行います。

そして最後に、その日に行う筋トレのそれぞれの動きを軽い負荷で各10回程度、素早い動きでやります。例えば腕立て伏せであれば手を床ではなく壁について行ったり、スクワットなら手を頭ではなくヒザに置いたまま行う、といった具合です。

これを2分やって合計5分。筋トレを行うには十分なウォームアップの完了です。

クールダウンはウォームアップとは逆に、心身を運動に適した状態から平常状態へ切替え、速やかな疲労の回復を促します。**筋肉の緊張が取れないと、筋肉は疲れたまま回復せず、筋肥大も起こりにくくなります。**というのも筋肉は大きな力を発揮した後や長い時間力を発揮した後、なかなかその緊張が解けないという性質があるからです。

その例が肩や腰のコリです。筋肉は緊張したままでは血行が滞り、疲労物質が除去されず、筋肉の合成も促進されません。

また筋トレ後の疲労感が少ないと、次の筋トレに対する意欲も高まります。この心理的効果も見逃せないでしょう。

ウォームアップ、クールダウンともに大切ですが、このように**クールダウンの方がより重要なので、ウォームアップの倍の時間が必要です。**

最初の3分間は立ったまま、ゆっくり全身の動的ストレッチを行って血行を促進したら、次に座った状態と寝た状態で静的ストレッチを行います。一つ一つのストレッチは30秒程度、ゆったり7分間行いましょう。これで計10分です。

ウォームアップに行うストレッチ

静的ストレッチ1……肩、お腹、ふくらはぎのストレッチ

1. 足を肩幅に広げて立ち、片腕を肩の高さに上げ、反対の手でヒジを押さえて手前に引き寄せながら腰を捻り、5～8秒静止する。

2. 一旦ゆるめて足を大きく開き、カラダを捻る方向の足に体重をかけながら、上半身を捻ってさらに5～8秒静止する。反対側も同様に。

静的ストレッチ 2……腕、背中、腰、お尻のストレッチ

1. 足を肩幅に開いて片腕のヒジを曲げて小指を肩につけ、反対の手でヒジを引き寄せて5秒～8静止する。頭は軽く下げる。

2. 一旦ゆるめて足を大きく開き、伸ばす腕側の足に体重をかけながら、上体を横に曲げて5秒～8静止する。反対側も同様に。

動的ストレッチ１……肩、胸、腹、股関節のストレッチ

１. 足を肩幅より広く開き、つま先を少し外側に開いて、両腕を真横に伸ばす。

２. 片足に体重を乗せながら上体を同じ方に捻り、片側の腕を前に、反対の腕を後に振って体に巻きつける。一旦１の姿勢に戻ってから、反対側も同様に。リズミカルに10往復。

動的ストレッチ２……腕、胸、お尻、腿のストレッチ

１. 足を少し開いて真っ直ぐに立ち、胸を張る。ヒジを曲げて腕を上げ、小指を肩につける。

２. ヒザを曲げて上体を前に倒しながら、腕を後方に振る。いったんヒザを曲げながら、腕を前に振り、１の姿勢に戻る。１、２をリズミカルに10回繰り返す。

クールダウンに行うストレッチ

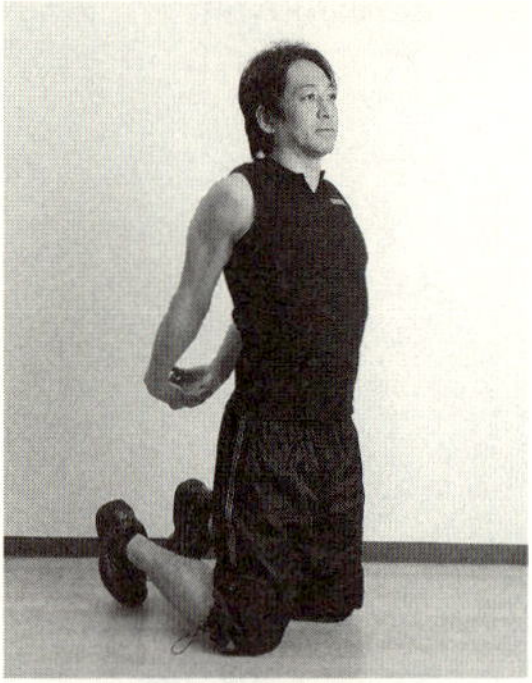

胸と腕の前側のストレッチ

両ヒザをつき、両手を背中の後ろで組み、胸を張りながらヒジを伸ばして腕を上げる。目線は斜め上に。

肩のストレッチ

あぐらをかき、片腕を下に伸ばし親指を正面に向ける。反対の手でヒジを押さえて下からすくい上げる。

背中と二の腕のストレッチ

片手を上げてヒジを曲げ小指を肩につける。アゴを引き、反対の手でヒジを内側に引く。

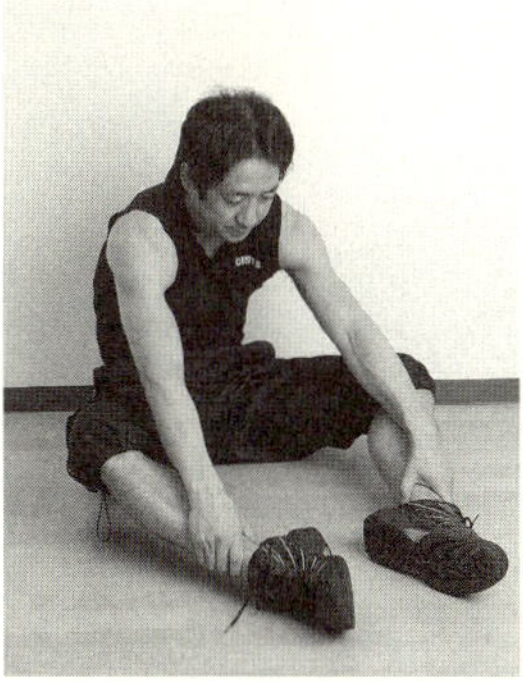

腰のストレッチ

脚を前に出してヒザを曲げる。両手で足首を引きながら背中を丸める。目線はかかとの間にむける。

ふくらはぎのストレッチ

両手を床につき、片脚のつま先を床に着いて反対の足を乗せ、お尻を上げて足首を伸ばす。

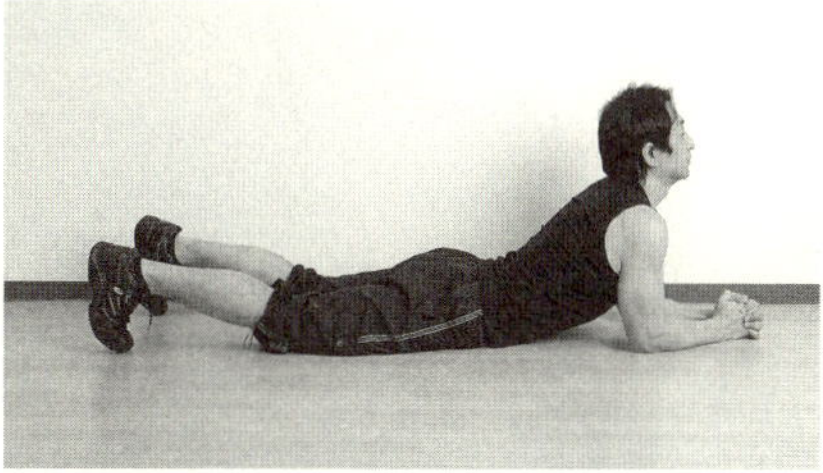

お腹のストレッチ

うつ伏せで両手を組んで両ヒジで上半身を支えながら、アゴを上げて胸を張る。

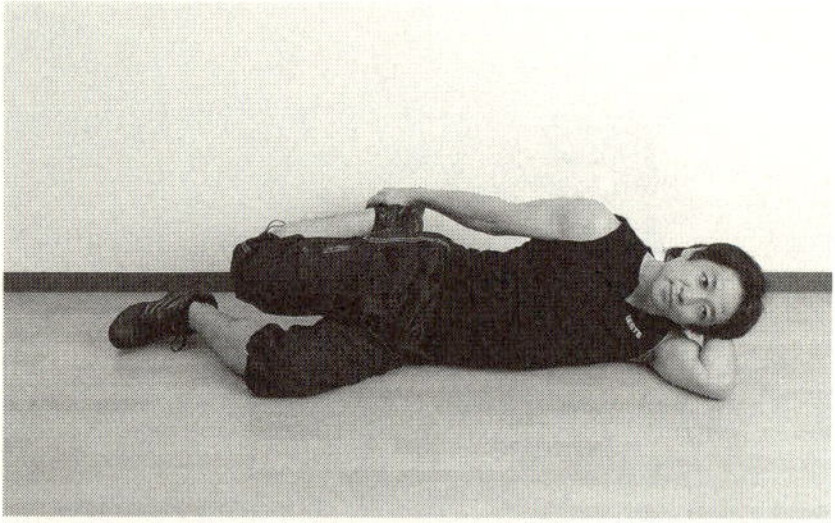

腿前《もも》のストレッチ

横向きに寝て下側のヒザを曲げ、上側の足の甲を持つ。ヒザを曲げてかかとを尻に近づける。

お尻のストレッチ

仰向けに寝て、片側のヒザを曲げて両手でヒザの裏を持ち、ヒザを胸の真ん中に向けて引き寄せる。

効果が出ないなら、やり方を確認する

ビジネスマンの皆さんならご承知のPLAN→DO→CHECK→ACTIONの「PDCAサイクル」。仕事の成果が出ないならば、原因を探って対処するように、筋トレでも効果が出ない場合には、原因究明のCHECKと適切な対処のACTIONが不可欠。筋トレの効果が思うように出ない場合、次の項目をチェックしてみてください。

まずは筋トレ自体の問題からチェックしましょう。

①種目
種目は全身バランス良くやっていますか？　特定の部分だけを鍛えても理想のボディーも健康効果も得られません。前後・左右・上下、まんべんなくエクササイズを行いましょう。

②フォーム

目的の筋肉に適切な負荷がかかる、正しいフォームでやっていますか？　反動を使ったり、他の筋肉に頼ったり、動きが小さいようなら負荷を弱めて正しいフォームで行いましょう。

③速度

筋肉に負荷が感じられるようにゆっくりやっていますか？　回数をかせぐために、高速で行っているなら、負荷を弱めて1～2秒で上げ、2～4秒で下ろす速度に戻しましょう。

④重量（抵抗の大きさ）、回数、セット数、休息

筋肉を鍛える適切な負荷の強さは、あと2回できる余力を残しながら6～10回反復し、30秒～1分程度休息し、3セット繰り返すこと。負荷が弱過ぎても、強過ぎても逆効果です。

筋トレがラクに感じるようになったら、グレードアップした筋肉に適切な強さになるよう、少しずつ負荷を上げて行きましょう。

⑤頻度

筋肉が回復するまで２日間空けていますか？　逆に４日、５日と空き過ぎていませんか？　週２～３回やる暇がなかったら週に１回でも良いので、筋肉を維持しましょう。

次は筋トレ以外の栄養、休養の問題についてチェックしましょう。

①食事の量

体重、筋肉、体脂肪の増減はエネルギー収支のバランスで決まります。もともと細いホッソリ体型の方は、しっかり食事量を増やしていますか？　逆に過体重のポッチャリ体型の方は食事量を減らしていますか？　どのタイプも食事は３食か、それ以上に分けて摂っていますか？

少ない食事回数でドカ食いすると体脂肪がつきやすく、筋肉が減りやすくなってしまいます。

②食事の質
タンパク質はしっかり摂れていますか？　炭水化物の供給源となる主食、タンパク質の豊富な主菜、ビタミンとミネラルをたくさん含む副菜を、バランス良く摂れていますか？

③睡眠
筋肉は睡眠中に回復し、太くなります。睡眠は少なくとも6時間は確保しましょう。遅い時間に寝ると睡眠が浅くなるので、できるだけ深夜12時には就寝しましょう。

④休養

筋トレ後はクールダウンで筋肉をリラックスさせていますか？　睡眠に次いで効果的な休養は入浴。入浴中は筋肉が重力から開放されて緊張がほぐされます。

特に筋トレをした日には、お風呂に入って心身ともにリラックスしましょう。ストレスはカラダづくりにとってもマイナスです。

筋トレになれてくると、つい必要以上に量を増やしたり、基本を忘れてしまいがちです。効果がでない時はもちろん、３か月おきに定期的にチェックしてみてください。

それでも効果がでないなら、食事を見直してみる

フォームも間違っていない、回数や負荷も適切。なのに効果がでないなら、食事に原因がある可能性かもしれません。体型別に気をつけたい食事の質もありますが、その前に全てのタイプに共通する食事の基本を2つ押さえておく必要があるでしょう。

一つ目は、よく言われることですが、食事は一日3食摂ることです。

同じ食事量でも一日3回に分けて食べるより、2回に分けて食べる方が体脂肪はつきやすく、逆に筋肉はつきにくくなります。

それは**一回の食事量が多いと、血糖値が急上昇し、これを下げるために分泌されるホルモンであるインスリンが大量に分泌され、体脂肪として栄養の取り込みを促進させる**からです。

さらに食事回数が少ないと空腹時間、つまり血糖値が下がった時間が長くなります。

すると**血糖値を上げるために複数のホルモンが分泌されますが、その一つ（糖質コルチ**

コイド）が筋肉になるはずのタンパク質を分解して糖に変えてしまうからです。

2つ目は、3食とも可能な限り「主食1、主菜1、副菜1～3、汁物あるいは水分1」の比率で構成すること。

主食の米、パンなどはエネルギーの供給源です。主菜の肉類、魚介類の料理はほかならぬ筋肉の素となるタンパク質を豊富に含みます。筋肉を増やしたいなら、これを一般の人より1・5～2倍多く摂ったほうがいいでしょう。

副菜の野菜、海藻、きのこ類などはカラダの調節をするビタミンとミネラルを豊富に含むので、おろそかにできません。外食が多く野菜が足りていない自覚があるなら、野菜ジュースで補いましょう。

では、これを踏まえて体型別の食事の摂り方について詳しくお話ししましょう。

ホッソリ型は食が細い、胃腸が弱い人が多いので、一回の食事量を増やすよりも回数を多くしましょう。朝、昼、夕は基本どおりに摂り、午後におにぎりやパンなど炭水化物中心の間食、夜寝る1～2時間前に納豆や魚肉ソーセージなどでタンパク質を主体とた間食を摂るなど、1日5回摂取します。

この体型の人の場合、筋トレをしている期間であれば、寝る前に食べても体脂肪が増える心配はありません。主菜の肉や魚は脂肪も多いのですが、気にする必要はないでしょう。調理油やドレッシングなども摂取して大丈夫です。

プヨプヨ体型は主菜で摂るタンパク質を増やしながら、摂取エネルギー量を増やさないようにしなければならないので、肉や魚は油脂の少ない部位を選び、揚げ物などで摂る脂肪も控えめにします。また主食の炭水化物の量を2割ほど減らします。

ポッチャリ体型は「食事以外でアルコールやお菓子類を摂り過ぎている」「炭水化物を主食と副菜で2品摂っている」「一日2食のドカ食いをしている」など食事が乱れている人が多いので、基本の食事に戻すことだけでも摂取エネルギーが抑えられます。その上でさらに毎食、主菜以外の量を2割程度減らします。

こうすると問題になるのは空腹感。これを抑えるために水分を普段の1・5～2倍摂ります。ただし、カロリーが0であり、体から水分を追い出す作用をもつカフェインとアルコールを含まないことが条件です。

具体的には、ミネラルウォーター、麦茶、ハーブティーなど。特におすすめは、甘味があり、発泡による満腹感も大きい0kcalの炭酸飲料水。ナチュラルなスパークリングウォーターでも同じです。

筋トレ中に痛みを感じたら、いったん中止する

「NO PAIN NO GAIN（苦痛なくして報酬なし）」と言いますが、適度な筋肉の張りは別として、筋トレ中に関節や筋肉に痛みを感じる場合、そのまま続けてはGAINどころか逆効果。無理をして筋肉や関節などを痛めてしまい、筋トレを長期間中止しなければならなくなると、せっかくの努力も水の泡になります。

急がば回れで、まずその運動をすぐに中止し、痛みが治まるまで安静にして休養する方が賢明です。痛みは安静を促す赤信号であり、安静にしている方が組織の修復が促進

されやすいからです。

「激しい痛みを感じる」「痛みを感じる部位に腫れがある」「変形している」「熱がある」などの異常が見られる、痛みを感じる部位が移動する、といった場合は医師の診察が必要です。

以下に筋トレ中、筋トレ後に起こりやすい、不快な痛みの原因を挙げておきます。自分の場合はどれに当てはまるのかを確認し、165ページから紹介している自体重筋トレのフォーム、速度、負荷、回数などを再確認してみてください。


まず多いのが**フォームの誤りによる痛み。**例えば腕立て伏せで指先を内側に向けて行うと、手が滑りにくくなって安定はしますが、手首を反らす力が強く働いて、手首の関節を痛めやすくなります。

ロアーバック（P152）で上体を起こす時に、無理に腰を反らしてしまうと、腰の椎間板が圧迫されて腰痛を引き起こす、といった具合です。

筋トレの速度が速過ぎるために、ヒジやヒザなどを勢いよく伸ばしてしまい、関節に

負担がかかっている場合もあります。1〜2秒で上げて、2〜4秒で下ろす速度が保てず、勢いをつけてやってしまうのなら、負荷が大き過ぎる証拠です。負荷を下げて適切な速度を守ってください。

鍛えるべき筋肉である「主働筋」以外の筋肉や部位に痛みを感じるのであれば、やはりフォームに問題があり、主働筋以外の他の筋肉を使う「チーティング」（P109）をしている可能性があります。

チーティングは、必要以上に強い負荷で強引に行おうとすると、主働筋だけでは持ち切れないために起きやすくなります。

特に**チーティングで負担がかかりやすいのは腰です。**腰以外でも筋トレ中、主働筋以外に痛みを感じるなら負荷を軽くして、正しいストリクトなフォーム（P109）で行ってください。

動作中、このポジションに来るとどこかが痛くなるというのであれば、そのポジションを避けましょう。一般的には腕や脚などを可能な限り大きく動かすフルレンジが推奨されることが多いのですが、痛い部分を避けて狭い範囲のパーシャルレンジで行うのです。

正しいフォームと速度で行っても、痛みを感じたり、筋トレをしていない時にも違和感や痛みが長く残るのであれば、筋肉の過労、オーバーユースの可能性もあります。

筋トレの効果は1週間～10日は持続しますので、しばらく筋トレを中止しても問題ありません。まずは様子をみてみましょう。そして痛みが治まって筋トレを再開する時には、負荷を下げ、回数を減らして無理のない範囲で行うことです。

筋トレのウソ？ ホント？

筋肉がつくと、走るスピードが落ちる？

筋トレをして筋肉が増えると、体重が増えてカラダが重くなりそうなイメージがあります。そのため、「筋トレをするとランニングのスピードが落ちそう」「体の動きが重くなりそう」といった心配をする人が少なくありません。

フットサルやジョギング、登山……断言しますが、筋肉をつけることで競技スピードを落とすどころか、必ず向上させてくれます。

欧米でも、かつて筋肉が肥大すると筋収縮速度が落ちるという「筋肉粘性理論」が支持されていた時期がありました。

しかし、1960年代、その提唱者自身の実験よって否定され、その後、欧米のスポーツ選手が筋トレを積極的に取り入れ、パフォーマンスを大幅にアップさせた歴史がありま す。

同じ人数を乗せるなら、軽自動車より力のある普通乗用車の方が速いように、筋肉が太くなって筋力が高まれば、カラダが前進する速度、バットを振る腕やボールを蹴る脚を動かす速度は上がります。

そもそもオリンピックの100m決勝でスタートラインに並ぶス筋肉隆々のスプリンターや、100kgを超える体重で右に左に高速で走り回る世界のラグビー選手たちを見れば、一目瞭然です。

誰も「筋トレ、筋肉がスピードアップにマイナスである」とは言えないでしょう。

第5章
ジムやパーソナルトレーナーを活用したくなったら

—お金も時間もムダにしない、プロの力を借りるコツ—

マシントレーニング、フリーウエイト、どちらを選ぶか

自宅での筋トレに慣れてくると、もっと専門的な環境で鍛えたくなるかもしれません。また、義務的に筋トレをする状況をつくらないと続けにくい、という人もいるでしょう。そんな人のために、本章ではフィットネスクラブやパーソナルトレーナーの上手な活用法を紹介したいと思います。

「自宅トレで理想の細マッチョになったが、もっと筋肉をつけたい」
「自宅では筋トレをする気が起きない」
「専門のトレーナーのサポートを受けながら筋トレしたい」

こういった場合はフィットネスクラブを利用するのがおすすめです。
フィットネスクラブの優れた点は、一言でいえば筋トレに専念する環境が整っている

こと。筋トレ以外のヨガやエアロビクスなどのスタジオプログラム、プールやジャグジーが利用でき、会員同士のコミュニケーションも魅力でしょう。

フィットネスクラブで筋トレを行う場合、最初に迷うのはマシンを使うべきか、「フリーウエイト」を使うべきか、ということでしょう。フリーウエイトとはバーベル、ダンベルなど、自由な方向に動かすことができる重りを指します。

「筋肉をつけるなら、マシンよりフリーウエイトを使った方が良い」

というイメージはありませんか？

実際にフィットネスクラブでは、筋肉をたくさんつけたがっている男性がフリーウエイトを使い、中高年や女性はマシンを使っています。しかし、**筋肉を効率よく大きくしたいなら、選ぶべきなのはマシン**です。

この理由を説明するため、まずフリーウエイトとマシンの特徴を上げてみましょう。

マシンを使った筋トレでは、イスに座り、背もたれなどにサポートされた安定した姿勢がとれ、目の前のバーを単純に押したり引いたりするだけで、ある程度正しいフォームを作ることができます。そのため、鍛えたい筋肉である主働筋が力を出すことに専念できます。

一方、フリーウエイトの場合は、まず重りを持ったまま倒れないようにバランスを取ることが求められます。さらに、重りが動く軌道を自分で調整しなければなりません。

話をしながら、テレビを見ながらでは事務仕事の効率が上がらないように、私たちは複数のことを同時にやろうとすると、脳で処理する情報が多くなるため、一つ一つの作業能力が低下します。

例えば、握力を測る場合。普通に立ったまま測った時と、下半身が空気椅子の状態で握力を測った時では、後者のほうが数値は低下する傾向にあります。

筋トレをする時にも、同じことがいえます。**筋肉が力を出すことに専念できないと、発揮できる力が小さくなるのです。**

つまり、フリーウェイトだと**やるべきことが多くなって、主働筋が力を出すことに専念できなくなる**のです。

実際、同じベンチプレスという胸のエクササイズでも、マシンを使った場合のほうが、フリーウエイトを使うよりも重い重量を上げることができます。これが、フリーウエイトではなく、マシンを使った方が筋肉を効率よく鍛えることができる理由です。

ただしフリーウエイトの良い点もあります。

細マッチョ以上に筋肉をつけたい場合は、胸の筋肉の上部と下部、肩の筋肉の前部と後部といった具合に、筋肉を多角的に鍛える必要も出てきます。こういった場合は、マシンを使った基本のエクササイズに、フリーウエイトを使った多角的なエクササイズをプラスすると効果的です。

全身を鍛える11種目に挑戦

ジムで筋トレをするならば、フリーウエイトよりもマシンを使った方が、効率良く筋肉を鍛えることができる。その結果、理想のボディーメイクや筋力アップも容易になるのは前述したとおりです。

ジムで筋トレを行う場合、目的がボディーメイクでも筋力アップでも、考え方は自宅で行う自体重筋トレと同じ。一部の筋トレではなく、全身の筋肉をバランス良く鍛えること、より大きな筋肉であるアウターマッスルを優先して鍛えること、主働筋を効率良く鍛えることができる「単関節エクササイズ」を選ぶことも同様です。

ここで紹介しているのは上記の考えに基づいて選んだ11種目です。

マシンでも自体重トレーニングと同じ部位を鍛えるのですが、**自体重トレーニングよりマシンが1種目多いのは、マシンを使うとお尻の筋肉と腿裏の筋肉を、それぞれ分けて鍛えることができるから**です。その分、1種目多くなっています。

最初から11種目全てを行うのは少々ハードかもしれません。

そこで、これも自体重トレーニング同様、**最初の2～4週間は7種目、5～8週間は2つ増やして9種目、9週目からさらに2つ足して11種目と、段階的にエクササイズの数を増やして行きましょう。**

　またエクササイズの順番も自体重エクササイズと同じ考え方で、**下半身→上半身→体幹**、となるようにすると効率が良くなります。

　フィットネスクラブに入会したら、トレーナー、インストラクターの方に以下の種目でプログラムを構成するようにお願いしてみてください。マシンの名称はメーカーによって異なりますが、指導者でしたら、それに相当するマシンを教えてくれるはずです。

　施設によってはすべてのマシンがない場合もありますので、マシン名の後の（　）内には類似する他のマシンか、各マシンに相当するフリーウエイトのエクササイズを書いてあります。

＜ジムで行いたい11種目＞

1．腿前の種目（下半身の大筋群）・・・レッグ・エクステンション
2．腿裏の種目（下半身の大筋群）・・・レッグ・カール
3．ふくらはぎの種目（下半身の大筋群）・・・トゥープレス（ヒールレイズ）

4. お尻の種目（下半身の大筋群）・・・キックバック
5. 胸の種目（上半身の大筋群）・・・バタフライ（ダンベルフライ）
6. 背中の種目（上半身の大筋群）・・・ローロウイング（ラットプルダウン）
7. 肩の種目（上半身の大筋群）・・・ラテラルレイズ（サイドレイズ）
8. 腕の裏側の種目（上半身の小筋群）・・・トライセプス・エクステンション（トライセプス・プッシュダウン）
9. 腕の前側の種目（上半身の小筋群）・・・アームカール
10. お腹の種目（体幹の大筋群）・・・トランクカール（クランチ）
11. 腰の種目（体幹の大筋群）・・・ロアーバック（バックエクステンション）

＜種目数と順番＞
1〜2週目　7種目　1→2→3→5→6→10→11
3〜4週目　9種目　1→2→3→4→5→6→7→10→11
5週目以降　11種目　1→2→3→4→5→6→7→8→9→10→11

フィットネスクラブでは複数の人が同じマシンを共有していますので、必ずしも提示した順番で実施できるとは限りません。右記の種目の順番は目標として柔軟に対応しましょう。

やりたいマシンをほかの人が使っている場合は、空くのを待たずに一つ飛ばして行いましょう。順番は多少前後しても構いません。**順番の違いによって失われる効率ダウンよりも、マシンが空くのを待ってカラダが冷えるマイナスの方が大きい**からです。

ジムトレも自宅トレ同様、フォームが大事

筋トレマシンはカラダがシートで固定され、バーの動く軌道が決まっているので、主働筋を集中して鍛えることができます。しかし、それでもちょっとしたフォームの誤り、シートやグリップ幅の誤りで痛みが起きてしまい、適切な重量を持ち上げることができ

なくなったり、知らないうちに他の筋肉を使ってしまう、ということがあります。

そこでマシン筋トレ11種目のポイントを一つずつお伝えします。

「何か筋肉を使っている感じが足りないな」「違う筋肉を使っている気がするな」という場合は自分の動きとポイントを照らし合わせてみてください。それでも違和感があれば、本書を見せながらスタッフに相談してみましょう。

〈種目別　動きのポイント〉

1．腿前：レッグ・エクステンション

お尻がシートから浮くと、体重を使って持ち上げてしまうことになります。しっかりグリップあるいはシートを握ってお尻が浮かないように上半身を固定しましょう。

2．腿裏：レッグ・カール

たくさんヒザを曲げようとすると、腰が反って腰に負担がかかったり、動作速度が速くなって腿裏《もも》に効かなくなります。膝を曲げる角度は90度程度で十分です。

3．ふくらはぎ：トゥープレス（ヒールレイズ）

ヒザの曲げ伸ばしをしてしまうと、大きくて強い腿の筋肉を使ってしまうので、ヒザは伸ばしたまま行います。

4．お尻：キックバック

股関節の構造上、脚はあまり後方に蹴ることはできません。後ろに大きく蹴ろうとすると腰が反ったり捻ったり、上体が前に倒れたりしがちです。上体を床と垂直に保ったまま蹴れる範囲で脚は動かしましょう。

5．胸：バタフライ（ダンベルフライ）

腕を前に出す時に背中を丸めると、大胸筋以外の筋肉も使ってしまいます。動作の開始時に胸を張り、その形を保ったまま腕を動かします。

6．背中：ローロウイング（ラットプルダウン）

重い物に挑戦しようとして、脚を使ったり、お尻を使ったり腰を使いがち。上体の位置を保ったまま腕だけを使いましょう。

7．肩：ラテラルレイズ（サイドレイズ）

腕を高く上げれば上げるほど、肩の横にある三角筋ではなく、首の横にある僧帽筋を使ってしまいます。腕は水平よりも下の位置まで上げればＯＫです。

8．腕裏：トライセプス・エクステンション（トライセプス・プッシュダウン）

ヒジの位置が動かないように脇を締めて、肩を落としたまま行いましょう。

9．腕前：アームカール

トライセプス・エクステンションと同様に、ヒジの位置を動かさないことがポイントです。

10. **腹部：トランクカール**（クランチ）
おへそを軸に上体を丸めて戻しましょう。胸を張ったまま前後するとお腹以外の筋肉を使ってしまいます。

11. **腰部：ロウアーバック**（バックエクステンション）
トランクカールと同様におへそを軸に上体を動かしましょう。胸を張ったまま行うとお尻のトレーニングになってしまいます。

優秀なトレーナーかどうかはここを見ればわかる

自分の専門分野以外のことを理解するのはなかなか難しいものです。私自身もトレーニング以外の経済や政治の本を読んでもチンプンカンプンで、理解するのに随分時間がかかります。読者の皆さんの中にも同様に、本書で紹介するお話がうまく理解できないという方がいるかもしれません。

本書にしたがって筋トレをしていても、自分のフォームが正しいのかどうか不安に思う人がいるかもしれません。また、一人でやると意欲が低下して続かないケースも多いものです。

こんな時に力になってくれるのがパーソナルトレーナーという存在です。

家を買う時に、ファイナンシャルプランナーに相談する人は少なくないと思いますが、トレーニングを開始するにあたって、またそのトレーニングを軌道に乗せるにあたって、パーソナルトレーナーを活用することは大いに役立つでしょう。

とはいえ、**パーソナルトレーニングはマッサージ同様、1分50〜100円が相場。60分受けて3000円から6000円**というところですから、決して安い買い物ではありません。

せっかく使ったお金をムダにしないためにも、ここではパーソナルトレーナーの選び方、活用法についてのポイントを紹介します。

日本でもパーソナルトレーナーが一般的になり、現在たくさんの方がいますが、誰にお願いをしたら良いのか、これは難しいところです。単に知名度や評判だけで決めずに、経歴、経験、資格なども確認してみてください。

また、それ以上に人柄や相性の問題もあるので、やはり実際にお話をしてみて、できれば一度お試しトレーニングを受けてから、判断されることをおすすめします。

ここでは、トレーナーを選ぶ際の判断基準について私見を述べたいと思います。いくつかありますが、その中から5つ選んでお伝えします。

1．よく話を聞いてくれるか？

トレーナーはクライアントを支える、あるいは導く立場であって、あくまでも主役はクライアントである、あなたです。何を望んでいて、何がしたくないのかという希望を含めて、まずはよくクライアントの話を聞いてくれるかが大切です。

自分の話ばかりしているようなトレーナーですと、実際のプログラムや指導もクライアントを無視した「押し付け型」である可能性が高いと思われます。

2. 適切な資格を持っているかどうか？

トレーナーの資格は医者や栄養士のような国家資格はありません。すべて民間の資格であり、玉石混交といったところですが、資格認定・発行団体が組織としてしっかりしていて、資格の信頼性が高く、日本で取得可能な資格は以下の3つです。

・NSCA、全米ストレングス&コンディショニング協会が発行する
「NSCA―CPT（認定パーソナルトレーナー）及び
NSCA―CSCS（公認ストレングス&コンディショニングコーチ）」

・ACSM、アメリカスポーツ医学会が発行する
「ACSM―HFI（ヘルス&フィットネスインストラクター）」

・厚生労働大臣が認定し、健康・体力づくり事業財団が発行する
「健康運動実践指導者及び健康運動指導士」

資格がないとトレーナー活動ができないということはなく、資格がなくとも実力のあるトレーナーもいるでしょう。しかし、資格を保有しておくことは自己の能力を証明する一つの手段になるわけですから、それだけクライアントに真摯に向き合っているということです。

3. 謙虚な態度か？

1と絡みますが、クライアントにいわゆるタメ口で話したり、腕を組みながら話したり、椅子に座ってクライアントのトレーニングを眺めている偉そうな指導者もたまに見かけますが、医者と同様、クライアント本位でなければ良い指導、正しい指導はできないと思います。

4. 話はわかりやすいか？

トレーニングの世界では横文字が飛び交い、難しい用語もたくさん出てきます。そして新しい理論やトレーニング方法などが次々と生まれており、トレーナーも日々勉強をしなければなりません。

トレーナーはそれを自分の中で消化吸収して、わかりやすく「伝える」ことが仕事です。難しい話をわかりやすく説明してくれる人は、クライアントの方をしっかり向いて勉強している人であると考えられます。

5．社会的常識があるか？

トレーナーは指導者である前に社会人です。挨拶がしっかりできる、服装が清潔である、爪をしっかり切っている、といったことができていないようだと、トレーナーが遅刻したり、急にセッション（指導）が中止になったりなど、後々、指導内容以前の問題が生じる可能性が高いでしょう。

これら5つのポイントを参考に、相性のよいトレーナーを見つけてください。

ジムで大注目、「ファンクショナルトレーニング」の実力

ここ数年、トレーニング系の雑誌で「ファンクショナルトレーニング」がよく紹介されています。

ファンクショナルとは機能性、機能的の意味で、具体的にはバランスボールに足を乗せて腕立て伏せなどの自体重筋トレをしたり、腕立て伏せをしながら片足を上や横に動かしたり、重りの入ったボールを投げる、など従来の筋トレがベースですが、複数のエクササイズを組み合わせたり、形をアレンジして「動き」に重点を置いたものです。

より効果があるという触れ込みと新鮮さもあって、スポーツクラブのレッスンでも増えていますし、自身のトレーニングに取り入れるスポーツ選手も増えています。今のフィットネス、スポーツ業界でのトレンドだといってもいいでしょう。

現状の機能性トレーニングの是非は置いておいて、機能性を高めることはスポーツ選手に限らず、一般の方にとっても大切なことです。そのため、フィットネスジムでもフ

ファンクショナルトレーニングをすすめるトレーナーも多いのですが、ボディーメイクをしたい人、アンチエイジングをしたい人にとって優先的に行うべきは、**ファンクショナルトレーニングではなく筋トレ**なのです。

その理由をお話ししする前に、ファンクショナルトレーニングについて、もう少し詳しく説明します。

体力には「出力系」と、それをコントロールする「制御系」の2種類があります。「出力系」には強い力を出す筋力と持続的に力を出す持久力があり、「制御系」には体のバランスを保つ平衡性や動作を素早く切り替える敏捷性《びんしょうせい》、いわゆる運動神経にあたる巧緻性《こうちせい》といったものがあります。

筋トレが筋力を高め、有酸素運動が持久力を高める、といった出力系の向上に重点を置いているのに対し、機能性トレーニングは制御系の体力を高めることに重点を置いたトレーニングです。

例えるならば、自動車の力やブレーキの能力など、躯体部分を高めるのが出力系のトレーニングであり、その自動車を操縦するドライバーの能力を高めるのがファンクショナルトレーニングということになります。

カラダの見た目は骨格とその上にある筋肉の量、さらにそれを覆う体脂肪の量によって決まります。

となると、**カラダの見た目を変えるには、ダイレクトに筋肉量を増やし、間接的に体脂肪の量を減らす筋トレが有効。**

一方のファンクショナルトレーニングは、脳・神経系にカラダの正しい使い方を覚えさせるものなので、筋肉を使ってはいますが十分な負荷を与えることができず、筋肥大させるには遠回りな手段となるのです。

出力と制御は切り離すことはできませんが、制御に重点を置けば置くほど出力に対する重点は減り、出力を高める効果は下がります。その逆もまた然り、です。

例えばダンベルを使ったアームカールを例にとりましょう。

この場合、イスの上に座った時に持てた重さが、バランスボールの上では持てなくなるという現象が起こります。つまり、力が十分出せずに、その結果筋トレとして筋肥大をしたり、筋力をアップする効率は下がっているということです。

「カラダの使い方が下手なので改善したい」「今の筋力をうまくスポーツに生かしたい」などの希望があれば、ファンクショナルトレーニングを取り入れた方が良いと思います。

しかし、効率良くカラダの見た目を変えたいのであれば、筋トレをすべきと心得ましょう。

筋トレのウソ？　ホント？

スポーツの種目別に鍛えるべき筋肉は違う？

「スポーツ別　筋力トレーニング」に関する本の中では、「このスポーツではこの筋肉を鍛えよ」と、競技別の筋トレが紹介されています。

例えば、バスケットボールならボールを投げるために腕の裏側、ボクシングなら腕を前に出す肩の筋肉というようにです。

しかし、見た目の動きから単純に判断して、この競技ではここを鍛えるべき！　というのはナンセンス。

一部の例を除き、鍛えるべき筋肉が競技ごとに大きく変わることはありえません。変えなければいけないのは「筋肉の使い方」です。

それぞれのスポーツには、同じような動作でも筋肉の使い方に違いがあり、その違いを考慮して筋トレにアレンジを加えることが大切です。

例えば「構え」、つまり、立つ姿勢を例にとってみましょう。

それぞれの構えには、野球の内野手は深く腰を落とし、バスケットのディフェンスでは足を大きく横に開き、バドミントンは踵《かかと》を浮かして軽くヒザを曲げる、といった小さいようで大きな違いがあります。

下半身を鍛えるスクワットを行う場合、内野手は深く腰を落として、バスケット選手は足を開いて、バドミントン選手はつま先立ちで浅く、とそれぞれの筋トレを競技動作に近づけた形で行えば、その動作で筋肉が力を発揮しやすくなるでしょう。

ただし、こういった使い方を強調した筋トレを行う前に、普通の筋トレで全身の筋肉を一つ一つしっかり肥大させておくことが前提です。ないものは使えないわけですから。

おわりに

さて、本書を読み終わっていかがでしたでしょうか?

今現在、筋トレをしているがなかなか効果が出なくて悩んでいる方、筋トレでカラダを痛めてやめてしまった方、それぞれに解決法が見つかったことでしょうか?

また筋トレは無縁と考えていた方、筋トレに躊躇していた方には、筋トレの必要性を肌身で感じ、そんなに大変でもないことを分かっていただけたのではないかと思います。


私は、トレーナーとは「シェルパ」のような存在だと考えています。シェルパは登山者に最も安全で、かつ最短のルートを示し、サポートする存在。しかし、実際に山頂まで歩を進めるのは登山者自身です。

皆さんは「細マッチョになる」「健康のため」「姿勢改善」「競技力アップ」など、それぞれに登るべき山があります。頂上へ向かうのが登山、ならぬ筋トレです。

本書では、最も安全かつ最短で効果を出すルート、やるべき筋トレのプログラムをお伝えしました。後は実際に皆さんが、これを頼りにカラダを動かすだけです。

最初の1～2週間では景色は変わらないかもしれませんが、1～2か月たてば確実に山頂が見えます。カラダに変化が現れます。

まだ20代で運動経験のある人は5合目から、年齢が上で運動不足の人は0m地点から、とそれぞれのスタートや、山頂にたどり着く時間は個人によって差はあります。

しかし5合目にいる人なら3か月、0m地点にいる人でも遅くとも1年で山頂に着くことができるでしょう。山頂の素晴らしい景色と達成感を楽しみに、歩を進めてください。

25年のトレーナー活動の中で、筋トレの誤解を解き、誤りを指摘したい、と常々考えておりましたが、それが本書でようやく実現しました。本書がみなさんのトレーニング習慣の一助となれば幸いです。

スポーツ&サイエンス代表　坂詰　真二

青春新書
INTELLIGENCE

こころ涌き立つ「知」の冒険

いまを生きる

〝青春新書〟は昭和三一年に——若い日に常にあなたの心の友として、その糧となり実になる多様な知恵が、生きる指標として勇気と力になり、すぐに役立つ——をモットーに創刊された。

そして昭和三八年、新しい時代の気運の中で、新書〝プレイブックス〟にその役目のバトンを渡した。「人生を自由自在に活動《プレイ》する」のキャッチコピーのもと——すべてのうっ積を吹きとばし、自由闊達な活動力を培養し、勇気と自信を生み出す最も楽しいシリーズ——となった。

いまや、私たちはバブル経済崩壊後の混沌とした価値観のただ中にいる。その価値観は常に未曾有の変貌を見せ、社会は少子高齢化し、地球規模の環境問題等は解決の兆しを見せない。私たちはあらゆる不安と懐疑に対峙している。

本シリーズ〝青春新書インテリジェンス〟はまさに、この時代の欲求によってプレイブックスから分化・刊行された。それは即ち、「心の中に自らの青春の輝きを失わない旺盛な知力、活力への欲求」に他ならない。応えるべきキャッチコピーは「こころ涌き立つ〝知〟の冒険」である。

予測のつかない時代にあって、一人ひとりの足元を照らし出すシリーズでありたいと願う。青春出版社は本年創業五〇周年を迎えた。これはひとえに長年に亘る多くの読者の熱いご支持の賜物である。社員一同深く感謝し、より一層世の中に希望と勇気の明るい光を放つ書籍を出版すべく、鋭意志すものである。

平成一七年　　刊行者　小澤源太郎

著者紹介
坂詰真二〈さかづめ しんじ〉
1966年、新潟県生まれ。横浜市立大学文理学部卒。NSCA公認ストレングス&コンディショニング・スペシャリスト。同協会公認パーソナルトレーナー。株式会社ピープル(現コナミスポーツ)でディレクター、教育担当を歴任後、株式会社スポーツプログラムスにてスポーツ選手及びチームのコンディショニング指導を担当。1996年に独立し「スポーツ&サイエンス」を主宰。各種アスリートへの指導やスポーツ系専門学校講師を務めながら、様々なメディアで運動指導を行う。著書に『勝利をつかむコンディショニングBOOK』(ベースボールマガジン)、監修DVDに『恋愛ボディWhipness』(ショップジャパン)など。

やってはいけない筋《きん》トレ　　青春新書 INTELLIGENCE

2012年2月15日　第1刷
2012年9月10日　第9刷

著　者　坂《さか》詰《づめ》真《しん》二《じ》

発行者　小澤源太郎

責任編集　株式会社プライム涌光
電話　編集部　03(3203)2850

発行所　東京都新宿区若松町12番1号 〒162-0056　株式会社青春出版社
電話　営業部　03(3207)1916　振替番号　00190-7-98602

印刷・図書印刷　　製本・ナショナル製本

ISBN978-4-413-04350-2

こころ涌き立つ「知」の冒険！

青春新書
INTELLIGENCE

ドラッカーのリーダー思考	小林　薫	PI·289
人生が変わる短《たん》眠《みん》力《りょく》	藤本憲幸	PI·290
たった「10パターン」の英会話	晴山陽一	PI·291
図説 あらすじでわかる！日蓮と法華経	永田美穂［監修］	PI·292
三宅久之の書けなかった特ダネ 昭和〜平成政治、25の真実	三宅久之	PI·293
図説 地図とあらすじでわかる！明治と日本人	後藤寿一［監修］	PI·294
図説 地図とあらすじでわかる！続日本紀と日本後紀	中村修也［監修］	PI·295
中国13億人にいま何を売るか	柏木理佳	PI·296
図説 地図と由来でよくわかる！百人一首	吉海直人［監修］	PI·297
モーツァルトとベートーヴェン	中川右介	PI·298
図説 世界を驚かせた頭のいい江戸のエコ生活	菅野俊輔	PI·299
「腸ストレス」を取り去る習慣	松生恒夫	PI·300
図説 地図とあらすじでわかる！風土記	坂本　勝［監修］	PI·301
図説 あらすじでわかる！歎異抄	加藤智見	PI·302
あぁ、残念な話し方！	梶原しげる	PI·303
その英語、ネイティブはハラハラします	デイビッド・セイン 岡　悦子	PI·304
図説 歴史で読み解く！東京の地理	正井泰夫［監修］	PI·305
突破する力 希望は、つくるものである	猪瀬直樹	PI·306
仕事で使える！Facebook 超入門	小川　浩	PI·307
図説 あらすじでわかる！法然と極楽浄土	林田康順［監修］	PI·308
行列ができる 奇跡の商店街	吉崎誠二	PI·309
明治大学で教える「婚育」の授業	諸富祥彦	PI·310
「剣術」の日本史 二天一流はなぜ強かったのか	中嶋繁雄［監修］	PI·311
図説 地図とあらすじでわかる！古代ローマ人の日々の暮らし	阪本　浩［監修］	PI·312

お願い　ページわりの関係からここでは一部の既刊本しか掲載してありません。折り込みの出版案内もご参考にご覧ください。